PERÚ EN CONTEXTO

35 TEMAS IMPORTANTES

REFLEXIONES, ESPECULACIONES, Y LLAMADOS DE ATENCIÓN

Contenido

1 ¿Perú Tiene un Poder Legislativo o un Poder Investigador?

Su nombre lo dice, el Poder Legislativo existe para dar leyes que deben formular o mejorar los llamados congresistas que forman parte de la institución pública llamada Congreso Nacional.

Algo lamentable, parece que el trabajo primordial del Congreso peruano ya no es legislar sino investigar, por lo cual bien podríamos por ahora darle el nombre de su actividad principal Poder Investigador.

Si los congresistas pusieran a su tarea de legisladores, el mismo esfuerzo, dedicación, empeño, empuje, e inteligencia que aplican para realizar investigaciones, Perú sería un mejor país.

Pensamos que solamente los casos delictivos de gran envergadura que afecten a la nación deben ser de interés del congreso, el cual debe procesarlos previo trabajo de investigación de la policía y fiscalía.

Debe prevalecer un nueva y fuerte orientación del congreso nacional al trabajo de dar nuevas leyes y mejorar las actuales.

En reemplazo de las comisiones investigadoras deben formarse comisiones para producir buenas leyes.

Estas comisiones deben organizarse según los sectores en que está estructurado el Poder Ejecutivo y deben trabajar coordinando con funcionarios del sector correspondiente sobre las necesidades en materia de leyes, su priorización y formulación de calendario de trabajo para su desarrollo y emisión.

El congreso también debe realizar un diagnóstico de las necesidades del país en materia de leyes, lo que debe derivar en un plan de acción.

Con esta modalidad de trabajo se avanzaría más rápido y el Gobierno no tendría que pedir nunca más facultades especiales para legislar, tarea que solo es del poder legislativo.

Temas de importancia nacional como la inseguridad ciudadana, promoción de inversiones, desarrollo industrial, diversificación productiva, reforma policial, desarrollo de la ciencia y la tecnología, reforma electoral, ley de partidos políticos etc. etc. podrían tener un gran impulso con un trabajo asociado entre los poderes legislativo y ejecutivo.

El mal uso de las comisiones investigadoras actuales, destinadas no tanto a investigar para corregir sino a investigar para dañar al rival político deben ser desterradas del Congreso Nacional.

Además, fácil es criticar o juzgar y difícil es
hacer. Trabajar fuerte formulando buenas leyes
es lo que el Perú demanda a sus legisladores.

2 Adiós a los Bomberos Voluntarios y Bienvenidos los Bomberos Profesionales

El medio tiempo nos agobia, profesores, médicos, policías y también los bomberos, aunque en este último caso es un tiempo compartido indefinido, y lo peor es que la mitad del tiempo trabajado no tiene retribución económica.

Tiempo completo y dedicación exclusiva, es la fórmula para lograr éxito en nuestras actividades, nadie que realice actividades parciales puede pretender hacer bien todas ellas, al contrario, todas se realizarán con deficiencias.

Toda actividad requiere estudiar, investigar, entrenar, perfeccionarse en forma constante, justamente lo que no pueden hacer los que ocupan el día en más de una labor. Un profesor que trabaja enseñando en más de 1 colegio, ¿Cuándo investiga, cuando prepara sus clases, cuando estudia nuevas técnicas o metodologías?

A veces lo que parece una virtud, resulta ser un severo defecto. Nos vanagloriamos de contar con un cuerpo de bomberos, todos voluntarios, hombres y mujeres que arriesgan su vida, a cambio de nada, no tienen una retribución económica, pero sí un muy profundo amor al prójimo.

Los bomberos voluntarios, son personas que tienen un trabajo remunerado en una empresa privada o entidad pública. Este trabajo es a tiempo parcial porque deben prestar servicios como bomberos. Tiempo apretado en su centro de trabajo y también en su servicio como bomberos. En ninguno de los dos sitios, trabajo eficaz y eficiente.

Los militares y policías siguen 4 a 5 años de estudios en escuelas especializadas, antes de convertirse en marinos, aviadores, miembros del ejército, o policías. Pero no tenemos noticias de que así sea en los bomberos. Esto por su condición de voluntarios, vecinos que se unen al cuerpo y son capacitados por sus compañeros más antiguos y, en el camino aprenden por su participación en incendios.

Apreciamos la existencia de rangos tipo militar, tenientes, capitanes, mayores, comandantes, coroneles, generales y hasta teniente general, los galones y las estrellas sobre los hombros aparecen por doquier.

¿Cómo se obtuvieron estos grados?, ¿realizaron los estudios necesarios?, ¿dieron examen para el ascenso?, ¿existe un escalafón de méritos? ¿todos los bomberos concursan para ascensos? que mejoras se tendrían con un ascenso.

Nueva York, no tiene bomberos voluntarios, posee un cuerpo de bomberos a tiempo completo y dedicación exclusiva, todos remunerados, todos pueden hacer carrera dentro de la institución hasta su jubilación. Bien formados, con entrenamiento constante, hábiles en el manejo de modernos equipos contra incendio y rescate. Su labor es óptima.

Estaba bien un cuerpo de bomberos voluntarios cuando Lima era una ciudad pequeña, pero ahora la ciudad es muy grande, extensa, con muchas edificaciones en mal estado, y sistemas de seguridad inexistentes.

Hoy, no existe otra salida que no sea la de crear un cuerpo de bomberos profesionales, a tiempo completo, remunerados, con escuela de formación y postgrados constantes, con procesos de selección para los ascensos, y con equipos de última generación.

Asimismo, Lima y el Perú, son territorios con fuerte incidencia sísmica, climática, y con una geografía abrupta que propicia continuos accidentes, características que hacen imprescindible contar con grupos profesionales de rescate, que bien pueden ser formados como una especialización dentro de la escuela profesional de bomberos. La policía debe centrarse en la lucha contra el delito y dejar su trabajo en lo que se entiende como actividades de rescate.

Podríamos entender personas voluntarias dentro de una institución formal constituida por profesionales, pero no un organismo integrado totalmente por voluntarios. Así como existe el servicio militar voluntario, también podría existir en el futuro el servicio bomberil voluntario orientado a jóvenes en edad militar, que estarán 2 años enrolados y luego podrán retirarse u optar por la carrera de bombero, ingresando a una escuela de formación profesional.

3 Batalla de Tarapacá: Triunfo Peruano e Ingratitud con los Caídos en Combate

En la Guerra del Guano y el Salitre de 1879 (mal llamada Guerra del Pacífico), tras el desembarco en Pisagua el 2 de noviembre de

1879, las hordas invasoras procedentes de Chile iniciaron una serie de penetraciones al interior del departamento peruano de Tarapacá para consolidar sus posiciones y asegurar las vías de comunicación y suministros.

Es así que se desarrolla la batalla de Tarapacá, una acción bélica que ocurrió en la localidad homónima, el 27 de noviembre de 1879, durante la campaña terrestre en esta miserable guerra.

Se enfrentaron en Tarapacá hordas chilenas y el ejército peruano, saldándose la batalla con la victoria peruana y la huida del ejército chileno.

Triunfo malogrado por el General peruano Buendía, quién presa de extrema paranoia por el posible retorno y venganza chilena decide huir con su ejército hacia Arica, en una marcha forzada con serios efectos sobre los oficiales y soldados peruanos, decretando con ello la pérdida de Tarapacá.

Muchos peruanos murieron en Tarapacá.
¿Perú los ha honrado y galardonado por ello?
no, todo lo contrario, en el pueblo de Tarapacá, ahora en poder chileno, aún se encuentran sus

cuerpos semienterrados, restos de uniformes y
otros enseres de los soldados peruanos cubren
el suelo donde se desarrolló la batalla, sin que
Perú, gobernado por indolentes corruptos,
haya hecho nada para repatriarlos y honrarlos
como héroes.

Las cárceles peruanas son modelo de lo que no debe hacerse nunca en una prisión, permitir que sean los reclusos los que ostenten el poder en ellas.

Seguridad, habitación, cama, comida y otros beneficios puede conseguir la persona que es encarcelada, si tiene los recursos económicos para pagar a los delincuentes más avezados, convertidos en los capos o máximas autoridades de las cárceles peruanas.

Ninguna autoridad, llámese INPE-Instituto Nacional Penitenciario, PNP-Policía Nacional del Perú, Ministerio del Interior, Ministerio de Justicia, Presidencia del Consejo de Ministros y hasta la Presidencia de la República, ha podido imponerse y empezar a mandar en las cárceles aplicando su autoridad y reglas rígidas y rigurosas de funcionamiento.

Actualmente, desde ya hace muchas décadas, en los días de visita a los presos, se forman grandes colas de familiares y amigos que ingresan hasta la celda del preso, tienen contacto directo con él, y lo proveen de alimentos, bebidas, ropa y hasta drogas, teléfonos celulares o móviles, armas y municiones, que ingresan ocultos o mediante el pago de dinero a los encargados del control de acceso. Muchos Gobiernos han pasado y ninguno ha cambiado este podrido sistema carcelario.

No hay que ser un gran especialista en sistemas carcelarios, para conocer que en cualquier cárcel de los países del primer mundo, los visitantes NO tienen contacto directo con los reclusos, solo pueden hablar con ellos por teléfono en cabinas separadas por un vidrio que permite ver pero impide tocar o entregar algún objeto al preso.

Las cárceles deben proveer todo lo que el recluso requiere: comida, medicamentos, ropa, teléfonos públicos, etc. de modo tal que no sea necesario que los familiares o amigos del preso le deban llevar algo.

Todos sabemos que, desde las cárceles, a través de teléfonos móviles o celulares los hampones manejan diversos tipos de delitos como la extorsión, el sicariato, chantaje, asaltos, robos, etc. Recordemos qué hizo el Gobierno para enfrentar esta situación, instaló sistemas externos para cortar la comunicación de los celulares, pero no hizo nada para que estos aparatos no existan en las celdas. Al respecto, todo sigue igual, las medidas no han funcionado y las cárceles son el cuartel general desde donde se manejan los delitos que agobian a los ciudadanos.

Las celdas de reclusión deben ser dignas. No debe haber privilegios para los que tienen dinero, mayormente narcotraficantes, y condiciones infrahumanas para los que carecen de recursos, es lo que ocurre en la actualidad. Unos viven en celdas individuales, amobladas, con televisión, refrigeradora etc. mientras otros duermen hacinados en el suelo uno al costado del otro sin un espacio mínimo de separación.

El Gobierno debe tomar las cárceles, imponer su autoridad y cambiar las condiciones y sistemas malogrados actualmente imperantes porque atentan contra los derechos humanos de gran parte de los reclusos y condicionan la extrema inseguridad que se vive en las ciudades.

7 de la mañana, publicidad de cerveza: tomar cerveza permite conseguir amigos, que las mujeres nos persigan, ser el más popular del grupo, gozar más del partido de futbol, pertenecer a un grupo y conseguir promociones, ascensos. Si usted consigue trabajo...a celebrar con cerveza si es promovido en su trabajo a reunir muchas cajas de cerveza para festejarlo, y así queda grabado en nuestro cerebro que la cerveza es la clave para vivir mejor y pasarla bien.

De madrugada, redadas policiales contra los que han bebido y están manejando. Actualmente hasta cierto nivel está permitido, pero la idea es una tolerancia cero, o sea nada de alcohol.

Primero dicen insistentemente que es bueno hacerlo, y luego persiguen y castigan por hacerlo ¿Dónde estamos? ¿quién los entiende?

Muchos accidentes de tránsito todos los días, con heridos, paralíticos, mutilados, quemados, muertos, y la publicidad de cerveza continúa firme sin dar tregua, todos los días desde muy temprano, en todos los canales de la televisión local.

Cuando uno viaja en avión y pide cerveza le traen una pequeña y sin alcohol. ¿porqué, no se promueve el consumo de cerveza sin alcohol? ¿Tomamos cerveza porque es agradable o para emborracharnos?

Así como el fumar es dañino, tomar alcohol también lo es. Pero el trato es distinto, para el primero se hacen fuertes campañas en contra del consumo y se restringe la publicidad, pero para el segundo no. Y cuidado que mucha gente sufre más daño producto del alcohol que del cigarrillo.

Inculcar se define como INTRODUCIR FIRMEMENTE EN ALGUIEN IDEAS, SENTIMIENTOS ETC, es decir corresponde con lo que comúnmente entendemos como "LAVAR EL CEREBRO".

"CERVEZA CRISTAL HINCHA Nº1 DE LA SELECCIÓN" es lo que a veces vemos en grandes cartelones colgando en los camiones que circulan por todo Lima distribuyendo dicha bebida alcohólica. ¿Los hinchas del fútbol le deben seguir al Nº1?

Muy temprano en las mañanas podemos ver en la pobre televisión local de señal abierta de Lima los noticieros que ya no tienen una sección policial sino todo su contenido es de hechos policiales, crímenes, accidentes automovilísticos, incendios, asaltos, robos, hechos vandálicos, toma de carreteras, violaciones con muerte de menores, envenenamiento de niños por entidades gubernamentales etc. El alcohol siempre está presente como agente principal en bastantes de estos hechos. No existe ninguna noticia positiva, alentadora, ni los problemas en el mundo, Afganistán, Libia, Siria, Europa, Estados Unidos, la economía peruana, de política se habla solo si hay hechos delincuenciales a cargo mayormente de congresistas o miembros del poder ejecutivo, buenas medidas del Gobierno no se tocan.

Toda esta basura matinal se ve interrumpida por tandas comerciales en las cuales es infaltable la publicidad alentando el consumo de cerveza cuando apenas amanece.

Un padre recibe la noticia de que su hijo consiguió trabajo, inmediatamente prepara el agasajo acopiando cantidades de cajas de cerveza.

Un capitán jubilado cuenta sus actos heroicos con elogios a la cerveza de su época rodeado de jóvenes que lo admiran todos con botellas de cerveza que beben mientras conversan.

Un empleado es promovido en su centro de trabajo inmediatamente viene la gran celebración con cerveza.

Basta tomar cerveza en la playa para atraer a las más lindas chicas en tentadoras ropas de baño.

Spots publicitarios persistentes desde que empieza el día hasta que termina.

Las compañías de cerveza están inculcando, están lavando el cerebro de la gente joven, haciéndoles relacionar cerveza=éxito, cerveza=placer, cerveza=atracción, cerveza=pertenencia a grupo, cerveza=éxito en el deporte, etc.

Se está borracho cuando se bebe bebidas alcohólicas en exceso y se pierde el control de las facultades mentales y de nuestros actos. Producto de una borrachera ocurren accidentes automovilísticos, crímenes, violaciones, vandalismo en los estadios es decir todo el material que alimenta a nuestros noticieros matutinos y que afecta de manera grave a nuestra población.

No pensamos que debe prohibirse el consumo de cerveza, pero sí que tiene que ser reducido drásticamente, eliminando la publicidad engañosa que promueve su consumo.

Las compañías de cerveza deben sacar sus manos de toda actividad deportiva, y dejar de relacionar su consumo con los factores éxito, placer, atracción, pertenencia a grupo, etc. La publicidad de cerveza debe equipararse a la que moderadamente se hace al vino, ron, pisco y otras bebidas en cuanto a cantidad de anuncios y mensajes que contienen, pues solo debe difundirse de la bebida las características que le son propias y que las diferencian de las otras.

Corresponde actuar al gobierno con firmeza para regular la publicidad de la cerveza y de pasada normar el contenido de los sangrientos noticieros que todos los días nos acompañan al empezar el día, los que en vez de alentarnos nos deprimen.

Las personas afectadas todos los días por un

borracho conduciendo deberían ser indemnizadas por las grandes compañías que alientan el consumo de cerveza. La gente con el riñón o el hígado destruido por el elevado consumo de alcohol, también.

¿Publicidad de cerveza? Restringida y solamente para resaltar su sabor.

En el diario ABC de España, encontramos un interesante artículo de Emili J. Blanco, que trata de los planes que tuvo Hugo Chávez para incorporar a Perú, a través de Ollanta Humala, al bolivarianismo y el ALBA, es decir a lo que llamó el socialismo del siglo XXI.

Gracias a un oportuno viraje de timón de Ollanta Humala, Perú siguió por la senda correcta dejando atrás la presión chavista, lo que permitió que el país se encuentre hoy en una mejor posición económica y social, que el resto de los países de Latinoamérica, evitando el desastre bolivariano.

Debe reconocerse que Ollanta Humala, hizo un buen gobierno, mejor incluso que el de Fujimori, Toledo y Alan García, los últimos presidentes peruanos, porque supo mantener el crecimiento y la holgura económica del país a pesar del pésimo entorno mundial, además, ha implementado importantes programas de apoyo social, dando también un gran impulso a la diversificación productiva que tanto necesita el Perú.

Este es el artículo que reproducimos en forma textual:

"El presidente peruano Ollanta Humala va a llegar al final de su mandato –el 5 de junio es la segunda vuelta de las presidenciales, en las que él no puede optar a la reelección– sin que se hayan cumplido los planes de Hugo Chávez y sus asesores de la fundación española de la que nació Podemos. Hace cinco años, los asesores españoles del Centro de Estudios Políticos y Sociales (CEPS) propusieron a Chávez una operación para lograr que finalmente Perú se sumara al bolivarianismo. Esos planes pasaban por aprobar una nueva Constitución; sacar a Perú de la Alianza del Pacífico que forma con México, Colombia y Chile, que CEPS califica en su informe de «eje del mal», y asociarlo con los países del populismo izquierdista del ALBA. Nada de eso ha ocurrido. Tampoco es previsible que ocurra sea cual sea el ganador en las presidenciales del próximo domingo, Keiko Fujimori o Pedro Pablo Kuczynski, ninguno de los dos es de izquierda. Humala se presentó a las elecciones de 2006 desde la izquierda y el indigenismo y contó con el apoyo del chavismo (posiblemente recibió financiación desde Venezuela). Pero fracasada entonces su candidatura, en 2011 ganó desde posiciones más centradas, con el fin de sumar votos de otros sectores ideológicos y ganar en segunda vuelta a Keiko Fujimori. Deudor de esa coalición electoral, Humala ha gobernado desde el pragmatismo político y el liberalismo económico, lo que ha dado a Perú uno de los mayores crecimientos del PIB de Latinoamérica. Pocos días después de la victoria de Humala en 2011, Hugo Chávez tuvo sobre su mesa un informe acerca de lo que debía hacer Venezuela para atraer de nuevo al dirigente peruano hacia la comunión con el ALBA. «Se sugiere que las colaboraciones se articulen primeramente a través de los países fronterizos con Perú, como Ecuador y Bolivia, a través de convenios bilaterales hasta que no cambie el sentir de la opinión pública, mediante la creación de condiciones subjetivas que permitan otro tipo de relación y que no pongan en riesgo la estabilidad del nuevo Gobierno», se advertía en el informe estratégico de CEPS. Se trata de uno de los numerosos informes que de esa fundación han trascendido. Mala imagen Venezuela constataba la mala imagen que tenía en Perú el proceso bolivariano y se proponía diseñar una estrategia de comunicación para cambiar la percepción que los peruanos tenían del Gobierno venezolano. La Embajada venezolana en Lima y la unidad de CEPS en esa capital debían realizar un estudio para la nueva política comunicacional. Se achacaba a esa mala opinión el que Humala se hubiera retraído de su relación con el ALBA, algo que en aquel momento los asesores chavistas consideraban meramente táctico. «Para alcanzar los objetivos», se agregaba en el informe dirigido a Chávez (en grandes letras del cuerpo 18, para que pudiera leer sin lentes), «se requiere un manejo hábil de la relación con Perú, como continuar un aparente distanciamiento en las formas, pero establecer una firme colaboración bilateral y buscar la sintonía política en los escenarios multilaterales, como la Unasur (cuyo fortalecimiento es uno de los ejes de Ollanta Humala) y en la Celac».

En su hoja de ruta para Perú, el documento mencionado proponía como medida concreta prestar «algún tipo de asesoría o ayuda» para la puesta en marcha de la compañía aérea que Humala había prometido en la campaña. Caracas creía que podía aportar su experiencia de Conviasa, y soñaba con que los intercambios aéreos llevaran a los culturales y turísticos, «como primer paso para una aproximación política». Cambiar la Constitución El informe aceptaba que la principal receta bolivariana –convocar una asamblea constituyente y cambiar la Constitución– no iba a poder aplicarse en los primeros años, pero estimaba que el debate «podría cuajar al final del mandato dejando el terreno labrado para el siguiente periodo». Era una consideración muy optimista, casi tanto como vaticinar que, con la llegada de Humala, la Alianza del Pacífico «podría tener su primera baja, para desesperación de Estados Unidos». En ese escrito, los chavistas calificaban la alianza como «eje del mal», concebido para «dinamitar» los procesos de integración liderados por los países bolivarianos. También pensaban que las elecciones de México de 2012 podían suponer otra baja entre los socios del Pacífico. La ironía es que hoy esa vertiente

continental es la de mayor pujanza, mientras el
ALBA languidece."

INSTITUTO NACIONAL DE ENFERMEDADES NEOPLÁSICAS

Con motivo de la última colecta realizada en Lima para la lucha contra el cáncer, se revelaron estadísticas que causan pánico:

-Por aquí, cada año tenemos unos 60 mil nuevos casos de enfermos con cáncer

-De los 60 mil mueren unos 20 mil, es decir 1/3

Cantidad alarmante en progreso, pero cuáles son sus probables causas:

-Proliferación de grandes antenas de telefonía celular o móvil. No existe norma sobre distancias mínimas de instalación con respecto a casas, departamentos, colegios, hospitales etc.

Últimamente, tenemos una campaña publicitaria del propio Estado peruano defendiendo la proliferación sin control de estas antenas.

-Los productos transgénicos. Perú no produce alimentos transgénicos, pero sí los importa. Traemos soya y maíz amarillo duro de Argentina, Brasil y Bolivia, todos transgénicos. Los usamos para fabricar aceites, para alimento de aves y otros productos de consumo humano. No existe norma o control, sobre su identificación y uso.

-El consumo de cerveza. Según último trabajo en España el alcohol genera cáncer de mama:

"...Según ha explicado María Dolores Chirlaque, una de las científicas españolas que forman parte del equipo EPIC, «el riesgo medio se multiplica por cuatro por cada aumento de 10 gramos/día de consumo de alcohol. Es decir, si bebiendo un vaso de vino o una cerveza al día el riesgo tiene un valor de 1, al pasar a dos vasos de vino o dos cervezas diarias, el riesgo se multiplica por 4»."

Se realizan grandes esfuerzos en la lucha contra el cáncer. Hacemos colectas, invertimos en médicos, hospitales, equipos ultramodernos, medicinas de alto costo, todo lo que sea necesario para combatir a este enemigo, pero, por otro lado, le proveemos las armas y municiones para que nos ataque, cada vez con más fuerza.

Nosotros tenemos 20 mil muertos por cáncer al año, esto nos lleva a un promedio de 56 muertos por día, cantidad en progreso. ¿no vale la pena fijar nuestra atención sobre lo que podemos hacer en torno a las antenas de telefonía móvil, los productos transgénicos y el alcohol?

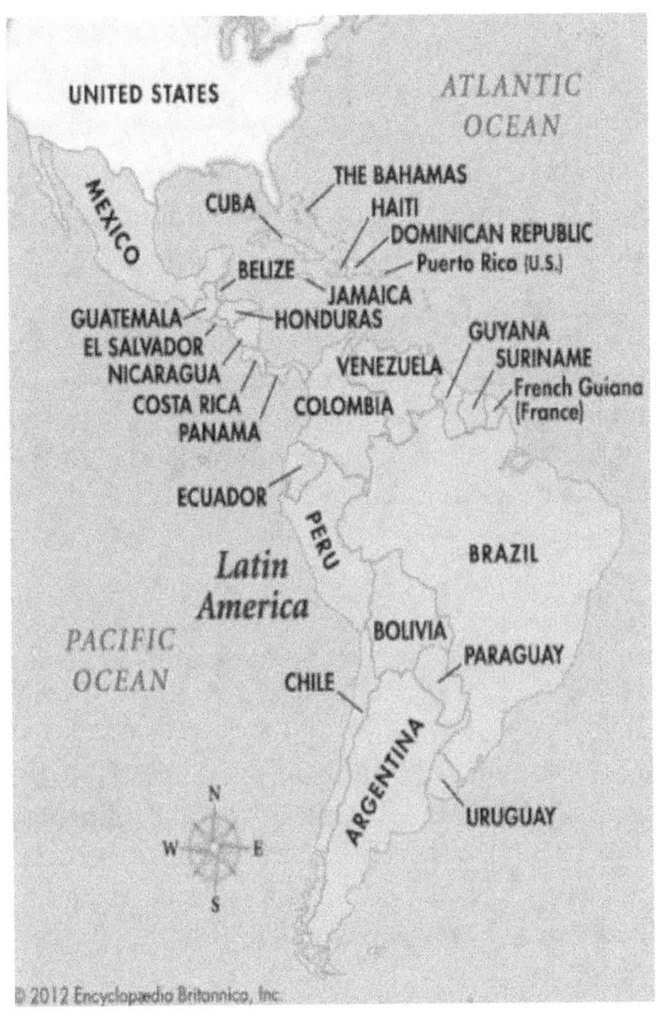

Se reconoce como Latinoamérica a los territorios al sur de Estados Unidos, poblados por gente de habla española y portuguesa.

Los latinoamericanos son de diferentes orígenes o ascendencias, azteca, quechua, aimara, mapuche, española, italiana, africana, china, japonesa, malaya, árabe, alemana, austriaca, francesa, judía, palestina, siria, etc. Cualquiera que sea su origen, ya todos son parte de la misma cultura o civilización, por el idioma, por sus costumbres y forma de vida similares.

El territorio latinoamericano es rico en minerales, petróleo y otros recursos naturales, factor primordial que ha condicionado la forma de vida de sus habitantes.

¿A que se dedica el latinoamericano? a extraer minerales, petróleo, gas, para exportarlos y vivir de ello. Pero, para subsanar su ignorancia, para la exploración, extracción, proceso, transporte y exportación debe recurrir a empresas especializadas de países desarrollados como Estados Unidos, Canadá, Reino Unido, Alemania, Francia, España, China, Japón, Rusia, Corea etc.

Las empresas no latinas traen dinero, tecnología, equipos, personal directivo y técnico. Los latinos se dedican a lo más fácil, cobrar impuestos, derechos, regalías etc. etc.

¿Pero, por lo menos el dinero que recaudan lo utilizan de manera racional, aplicándolo con esmero en sectores que contribuyan al bienestar de los pobladores? ¿Ejercen buenos gobiernos?

Qué pena, pero ni siquiera eso hacen bien, sino veamos el panorama desolador de América Latina en la actualidad.

Empecemos por lo peor, Venezuela, el país más rico en petróleo. Despilfarraron los miles de millones de dólares que ingresaron todos estos años y actualmente no tienen reservas internacionales, afrontan un criminal desabastecimiento de alimentos y medicinas, la delincuencia domina el país gracias a una corrompida y mal equipada policía, la infraestructura de servicios se cae en pedazos, sin mantenimiento ni reparaciones. Sin embargo, Venezuela está extremadamente armada, no se sabe para hacer guerra con quién. El dictador venezolano, una persona no preparada, ni con capacidad para ejercer la presidencia controla todos los poderes públicos, salvo el parlamento al que no deja trabajar, encarcela a los opositores y comete todo tipo de tropelías. Según reportes, gente del Gobierno facilita operaciones del narcotráfico, no ejerciendo el control de las entradas, transporte y salidas de droga.

En México impera el narcotráfico, el terrorismo, la delincuencia y no hay acciones radicales del Gobierno para terminar con estas lacras.

En Colombia las FARC operan desde el año 1964 y en 52 años los diferentes gobiernos que ha tenido Colombia no han podido vencerlas. Es el único país del mundo, cuyo gobierno no ha podido destruir un foco terrorista por décadas, lo cual despierta dudas sobre si hubo realmente la intención gubernamental de destruir a este grupo.

Las FARC están compuestas por narcotraficantes, secuestradores, asesinos, ladrones, sicarios, chantajistas, torturadores etc. sin embargo, el Gobierno colombiano viene negociando con este grupo criminal a fin de cesar con los enfrentamientos armados, parece a costa de otorgar impunidad con respecto a los delitos cometidos, algo inaceptable.

En Brasil, existe una corrupción gigante. Se ha dado mal uso a miles de millones de dólares, tanto a nivel Estado como en los sectores empresariales. Parece que un elevado número de brasileros se ha enriquecido de manera ilícita, corrompiendo a funcionarios nacionales y también de otros países donde han captado proyectos de inversión mediante incentivos económicos ilegales.

En Bolivia, elevado número de avionetas vuelan a Perú diariamente, a la selva del Valle del Río Apurímac Ene, allí ilegalmente cargan cocaína y la transportan a Bolivia, donde la almacenan, terminan de procesar y acondicionar, para luego llevarla a aeropuertos y sacarla hacia otros países. Esto ocurre sin que el Gobierno boliviano intervenga, dicho en otros términos parece que el Gobierno facilita la logística de la droga en territorio boliviano. Perú ha implementado un sistema de interceptación aérea de las aeronaves narcos, pero no vemos que esto ya esté funcionando.

Y en Argentina, han venido viviendo todos estos años como reyes, gastando más de lo que les ingresaba, dejando así al país en ruinas. El nuevo Gobierno está aplicando duras medidas de ajuste para reparar una economía maltrecha por el despilfarro y descontrol del gobierno anterior.

Chile es un país que vive inmerso en cuestiones políticas y en el fútbol. Tiene una frágil y dependiente economía, si el precio del cobre cae o China baja sus compras de este metal, la economía chilena entra en apuros. En el exterior, han instalado mayormente grandes tiendas que venden productos chinos de muy baja calidad.

En Perú, el gobierno de Ollanta Humala ha hecho un buen trabajo en el campo social y económico. La economía peruana será la de mayor crecimiento en el 2016 y 2017 y el país tiene el grado de inversión otorgado por las 3 principales agencias internacionales calificadoras del riesgo crediticio. En el campo social se han puesto en marcha importantes programas para mejorar la alimentación, educación e ingresos pensionarios. También se ha impulsado la diversificación, las agroexportaciones y la industria naval y aeronáutica. La diversidad de metales existentes y el bajo costo de explotación por el reducido valor del gas natural con el que se genera la electricidad garantiza una rentable y próspera industria minera, no dependiente en extremo de los vaivenes de los mercados.

Sin embargo, Perú padece de una muy baja calidad en la gente que conforma el congreso nacional, la fiscalía, el poder judicial y el poder electoral.

Para el final dejamos a Cuba. Un fracaso total de la revolución socialista de los Castro. Economía en ruinas, primero fueron ayudados por la Unión Soviética, cuando esta desapareció, buscaron la ayuda de Venezuela, al arruinarse este país, se han acercado ahora a los Estados Unidos.

No nos explicamos cómo desde el año 1956, en 60 años, el pueblo cubano no reaccionó fuerte frente a la pobreza, atraso y mal trato de los hermanos Castro, verdaderos negreros esclavizantes que malograron el desarrollo de todo un pueblo, la mitad sometido y la otra mitad exiliado en Miami.

Pero, ¿hemos avanzado ya algo en Latinoamérica, para dejar de ser dependientes y estar en capacidad de generar nuestras propias tecnologías e incluso participar de descubrimientos y avances en el campo de la tecnología, la industria, la energía, la minería, la agricultura, la medicina etc.? La respuesta es clara y contundente **<u>CERO DE AVANCE. SEGUIMOS VIVIENDO Y GOZANDO DE NUESTRAS RENTAS Y FELICES DE HACERLO EN UN AMBIENTE DE CAOS</u>**.

Y, por lo menos, ¿ya nos hemos preparado para administrar nuestros países en forma eficiente y eficaz? la respuesta es un **<u>NO</u>** rotundo.

9 El Destino de los Fondos de la Corrupción Latinoamericana

Correlación directa entre dos factores significa que el crecimiento de uno de ellos genera el aumento del otro.

En Latinoamérica la corrupción crece en forma imparable. La gente busca los cargos públicos no para servir a su país sino como medio de enriquecimiento.

No existen medidas importantes, amplias y permanentes por parte de los Estados para frenar y eliminar este cáncer del siglo XXI.

La pregunta viene ¿si la sociedad ya está malograda, quien sería el corrupto encargado de seleccionar a su par para que lleve adelante un proceso en contra de ellos mismos?

El corrupto nombrado en un cargo público llevará a sus pares para que trabajen con él en la obtención de riqueza...para ellos.

El sistema defectuoso debe controlar sectores clave como el ministerio del interior y la policía, el poder judicial, la fiscalía, los gobiernos regionales, los sectores economía, minería y energía y todos aquellos donde el dinero fluye fácilmente.

¿Y cuál es el destino de la riqueza ilegal latinoamericana? principalmente viviendas y departamentos de lujo en ciudades como Miami y otras de La Florida, Madrid, París y la costa Azul francesa etc. etc.

Es fácil ver cómo va la sustracción de los fondos públicos en Latinoamérica. Basta observar cómo va el crecimiento de algunas ciudades clave.

La que tenemos más cercana es Miami. Si Miami ha avanzado en estos años significa que la corrupción en los países latinos ha crecido, y según vemos parece que eso ocurrió.

La correlación directa es: + corrupción en Latinoamérica = + crecimiento en Miami

El día que la sociedad latinoamericana elimine la corrupción de sus Estados será el día en que Miami se convierta en una ciudad fantasma.

En realidad, tomamos a Miami como indicador porque está cerca, está plagada de latinoamericanos y observamos que no cesa de crecer y modernizarse a todo lujo.

Pero no solo es Miami, lo mismo ocurre en otras ciudades turísticas del mundo como Madrid en la que podemos encontrar grandes mansiones en poder de argentinos etc. e igual en otros países europeos.

Pensamos que los latinoamericanos que obtienen riqueza por el trabajo legal en sus empresas la aplican de manera diferente a como lo hacen las que la obtienen en forma ilícita.

De la Benemérita Guardia Civil, La Policía de Investigaciones, y la Guardia Republicana, los eficientes y eficaces entes policiales especializados con que contaba Perú hace unas décadas, un improvisado Gobierno peruano construyó un engendro fusionando estas 3 instituciones al estilo Frankenstein apareciendo la actual Policía Nacional del Perú PNP.

Ante el incremento acelerado de la criminalidad en los años siguientes, fueron apareciendo otros entes policiales formales e informales necesarios para proteger ciudades, distritos, entidades y personas.

Así, en la actualidad el Frankenstein inicial ha crecido de manera descontrolada, apareciendo en todo el territorio nacional:

-Serenazgos en cada municipalidad distrital y provincial,

-Rondas Campesinas

-Rondas Urbanas

-Empresas de Guachimanes

-Instituto Nacional Penitenciario INPE

-PNP trabajando en forma independiente como guachimanes

-Y la cosa no queda acá, antes el caos en la seguridad pública se intenta meter a soldados y marineros para que sirvan en funciones policiales.

Del monstruo inicial de una cabeza, 2 brazos y 2 piernas, hemos pasado ahora a un gran monstruo de muchas cabezas, brazos y piernas, lo que no le permite pensar con coherencia, ni articular los brazos coordinadamente, ni controlar todas las piernas para fijar rumbo y velocidad tropezando constantemente.

Hay que recurrir a una cirugía mayor para reconvertir al gran monstruo en las 3 personas iniciales, eliminando las cabezas y miembros en exceso o en estado putrefacto y los tumores cancerosos.

La reivindicación de la Benemérita Guardia Civil del Perú se impone con urgencia como especialista en seguridad ciudadana.

Igualmente, la restitución de la Policía de Investigaciones PIP en el campo de la investigación criminal y de la Guardia Republicana GR en el área de custodia de cárceles, entidades públicas y fronteras.

Paralelamente, se debe proceder a la eliminación de la PNP, los serenazgos, las rondas y todo ente que interfiera con el trabajo de la BGCP, PIP y GR.

Los peruanos esperamos que la venganza política y los celos institucionales que dieron origen a la eliminación de la Benemérita Guardia Civil BGCP, la PIP y la GR se hayan apaciguado o desaparecido.

La ejecución de estas medidas constituye deberes de función del Ministerio del Interior, el Gobierno y el Congreso peruano

11 El Legado Oscuro de José de San Martín y Simón Bolívar al Perú

El imperio español centró su poder en Sudamérica en el Virreinato del Perú, el que tuvo a Lima como su capital.

Lima era el centro del poder político, militar, de la cultura, las artes, la música, la economía, la justicia, la educación etc. de América del Sur.

Los 3 siglos de esplendor del imperio español en Sudamérica terminaron en 1824 con la capitulación de Ayacucho, luego de una simbólica y acordada "batalla", acto inmediato al enfrentamiento bélico real y feroz en Corpahuaico en la que el regimiento británico Rifles, columna vertebral del ejército de Bolívar, enfrentó solo al ejército del virrey.

José de San Martín primero, con tropas argentinas y chilenas y luego Simón Bolívar con un núcleo británico al que se sumaron soldados de Venezuela, Colombia y Ecuador, fueron los grupos que se concentraron en Perú para destruir al virreinato y proclamar la "independencia", algo que la mayoría de peruanos no quería.

Todos estos ejércitos se retiran de Perú, dejando al país destruido, en un caos absoluto y con sus arcas vacías producto del saqueo que sufrieron.

11 años después de la capitulación de Ayacucho, en 1835, el famoso naturalista ingles Charles Darwin, arriba al puerto de El Callao en la corbeta Beagle, en la cual realizaba uno de sus viajes de investigación.

Leyendo la siguiente reproducción del diario de viaje de Darwin en el que narra lo que vio durante su estadía en Lima, podemos conocer el estado desastroso de la ciudad, situación que se proyectaba a las provincias peruanas, panorama de destrucción que se constituye en el legado independentista de José de San Martín y Simón Bolívar a los peruanos.

Darwin en Lima:

"En su diario de viaje, verdadera joya de informaciones, Darwin anota que el Beagle echó el ancla en el Callao el 19 de julio de 1835 y permaneció en el puerto durante seis semanas.

Eran días de caos y guerra en el marco de la Confederación Perú-Bolivia.

El invierno se mostraba con toda su crudeza. "Espesa capa de nubes cubre siempre las tierras —observa Darwin—, de tal modo que durante los dieciséis primeros días no vimos más que una vez la Cordillera detrás de Lima. Vistas en lontananza estas montañas, elevándose unas detrás de otras a través de las nubes, presentan hermosísimo espectáculo".

Darwin describe nuestra limeña garúa "que embarraba las calles y mojaba las ropas", a la cual llama "rocío peruano". Observa que una lluvia abundante crearía una catástrofe, "puesto que las techumbres de las casas son planas y hechas sencillamente de barro endurecido (adobes)".

Lima, en suma, no le gustó. Relata la abundancia de enfermos de fiebres palúdicas, que no distinguían entre naturales y extranjeros. Cree que esta enfermedad la causan las miasmas —efluvios o emanaciones nocivas del aire, suelo o agua— teoría muy difundida en ese tiempo, según recuerda el notable médico e historiador Henry E. Sigerist en su libro "Civilización y enfermedad".

Darwin anota que en la costa del Perú el calor no es excesivo y por eso las fiebres no son tan perniciosas.

Respecto de nuestra situación política, Darwin señala que "ningún Estado de Sudamérica ha sido castigado por la anarquía como el Perú desde la declaración de su independencia".

Desgraciadamente tenía razón. La lucha caudillesca entre Santa Cruz, Gamarra, Orbegoso y Salaverry parecía no tener fin.

Este último, mediante decreto, le había declarado "guerra a muerte" a Santa Cruz y Darwin pudo ver que las tropas formadas en la plaza mayor durante Te-Deum de Fiestas Patrias no enarbolaban nuestra bandera bicolor sino los pabellones negros de Salaverry.

Darwin describe a Lima como una ciudad casi
en ruinas. "No están pavimentadas las calles, y
por todas partes se ven en ellas montones de
inmundicias, arrojadas de las casas, en las
cuales los gallinazos negros, tan domesticados
como nuestras gallinas, buscan los pedazos de
carne podrida".

**Darwin opina que Lima, "en lo antiguo",
ha debido ser una ciudad espléndida.**

"El extraordinario número de iglesias con que
cuenta —concluye el naturalista inglés— le da
todavía hoy un carácter original, sobre todo
cuando se la ve desde breve distancia".

Darwin visitó y exploró también la isla San
Lorenzo y algunas huacas que suponemos
estaban en el actual Miraflores o en Maranga.
Cuando las describe podemos percibir que nada
escapa a su interés y, de inmediato, tomaba
apuntes con el objeto de poder estudiar más
detenidamente los detalles que llamaron su
atención.

Al momento de reanudar su viaje a bordo del Beagle, el joven naturalista da rienda suelta a su incomodidad y, como despedida, lanza duros epítetos contra el Callao y sus habitantes. Ciertamente Darwin no tuvo el menor interés de tomar contacto con nuestras gentes, conocer su carácter y costumbres. Era un científico que en ningún momento se apartó del objetivo de su largo y fructífero viaje." (jlhurtadov)

El texto bajo el subtítulo "Darwin en Lima" ha sido tomado de un artículo del historiador peruano Héctor López Martínez, publicado en el diario El Comercio de Lima.

12 El Ministerio de Cultura de Perú y el Bajo Nivel de la Civilización o Cultura Peruana Actual

MINISTERIO DE CULTURA - PERÚ

Habiendo estado en la posición más alta a nivel de civilización en la época de virreinato del Perú, en la actualidad la cultura peruana se encuentra en los niveles más bajos de Latinoamérica..

De las altas civilizaciones de las eras Pre-inca, Imperio Inca y Virreinato, entramos en decadencia con la independencia, cuando San Martín y luego Bolívar dejan al Perú destruido y en completo caos.

Así como para lograr mejoras en la producción agrícola, se requiere mejores prácticas con los cultivos o culturales, con las personas y con la sociedad se necesita lo mismo.

Es evidente, que los ciudadanos peruanos no reciben ninguna enseñanza ni práctica cultural constante, que lleve a tener un mejor comportamiento contribuyendo así a configurar lo que se llama una sociedad culta.

Me parece que, para subsanar esta deficiencia, el Gobierno peruano crea en julio del 2010, un Ministerio de Cultura a cargo de un ministro con voz y voto en el Consejo de Ministros. Antes solo existía un Instituto Nacional de Cultura dependiente de otro ministerio.

No creemos que el Ministerio de Cultura haya sido creado sólo para administrar museos, bibliotecas, teatros, o para promover la música, danzas, folclore, entre otros aspectos del arte peruano, porque para ello no se necesita que integre un consejo de ministros.

Alta cultura, aplicada a las civilizaciones, es sinónimo de gente educada, respetuosa de la ley, considerada con los demás; significa modo de vida bien planeado, ordenado, seguro; y humanizado.

La ciudad de Lima en particular es una muestra viva de cómo se comporta un pueblo incivilizado.

Esta triste situación, la sentimos los peruanos en nuestro día a día en las ciudades, caminando, en coche, atendiéndonos en los servicios públicos, etc. y la verdad que ya estamos bastante saturados de este modo de vida, del discurrir de nuestra vida de una manera tan distinta a otros pueblos del mundo de alta cultura.

Es fácil para el Ministerio de Cultura dedicarse a actividades en torno al arte, la arqueología y otras prácticas, dejando de lado la medular razón de ser de su existencia, configurar una civilización o sociedad culta.

Elevar el nivel cultural de los peruanos, lograr ciudadanos cultos y ciudades del primer mundo, es el trabajo del ministro de cultura, agregando también obviamente como complemento sus actuales actividades.

El ministro actual, es el más feliz del gabinete de ministros porque en su trabajo no tiene mayores problemas, y para mantenerse en dicha condición hace de la vista gorda con la grave problemática de nuestra desgraciada y atrasada civilización.

El ministro de cultura debe ser proactivo, es decir asumir el pleno control, tomar iniciativa, desarrollar acciones creativas y audaces para generar mejoras, y asumir la responsabilidad de hacer que las cosas sucedan; debe decidir por sí mismo lo que haya que hacer y hacerlo, coordinando para ello con sus pares del consejo de ministros.

Los peruanos no queremos seguir estando entre los pueblos menos cultos de Sudamérica, de Latinoamérica, o entre los primitivos comparando con Europa.

El Ministerio de Cultura, aparenta ser el de menor importancia con respecto a los otros ministerios, pero resulta que es todo lo contrario, es el más importante y el de mayor complejidad, si asume su verdadero y más importante rol que es el de elevar el nivel de la civilización peruana actual.

13 El Peruano Impresentable

Impresentable se define como aquel
que no es digno de presentarse ni
de ser presentado.

Son impresentables un número importante de nuestros policías. Vemos su porte, observamos su vestimenta, escuchamos su expresión oral, los vemos trabajando como guachimanes, conocemos su regular moral, y no podemos aceptar que sean representantes de la ley.

Resultan impresentables algunos rectores y decanos de nuestras universidades. Traslucen un estatus cultural muy bajo, grados universitarios de ínfima calidad, y representan a universidades de un nivel tan precario que no debían ser aceptadas como tales. Nos preguntamos, cómo llegaron al más alto nivel en las universidades peruanas.

Impresentables, son un buen número de directores y profesores de colegios que no tienen la preparación adecuada, no les interesa ni aplican su tiempo a estudiar, investigar, y preparar bien sus clases, enseñan mal, producen alumnos ignorantes.

Impresentables son los médicos que trabajan medio tiempo en los hospitales públicos o del seguro social y lo hacen mal, en forma apresurada y sin interesarse mucho en cada paciente, para salir presurosos y trabajar el resto del día en sus consultorios o en clínicas privadas el resto del día.

Impresentables son los sacerdotes, religiosos y religiosas que no desarrollan ninguna acción social en las zonas más pobres, y prefieren permanecer en iglesias o claustros rodeados de todas las comodidades.

Impresentables son los ex presidentes del país que habiendo tenido una conducta impropia durante su mandato pretenden ser reelegidos por otro período.

Impresentables son los exministros del interior y los exdirectores generales de la policía ya en retiro, que salen en la televisión o la radio dando consejos sobre lo que debe hacerse para solucionar la crisis en la seguridad pública y el caos policial, cuando en la época que fueron los titulares no tomaron medida alguna para solucionar el problema cuyo origen se remonta y avanza desde hace algunas décadas.

¿Por qué, los procesados no aceptan a las comisiones investigadoras del congreso?, ¿por qué, la gente se resiste y falta el respeto a los policías?, ¿por qué, los estudiantes tienen tan poco respeto a las autoridades universitarias? ¿por qué, los escolares guardan poco respeto a sus profesores? ¿por qué, las consideraciones con curas y religiosas ha declinado tanto? ¿por qué, se valora tan poco a los médicos? ¿por qué los calificativos contra los expresidentes son tan extremos? Habría una respuesta común a todas estas interrogantes: porque son

IMPRESENTABLES, es decir carecen de dignidad.

14 El Virreinato del Perú Perdura en Lima y Todo el País

El período más prolongado de la historia, y que más huella ha dejado en Perú corresponde al imperio español, cuando Lima fue la capital del Virreinato del Perú, bastión principal y poderoso de España en Sudamérica.

Durante el Virreinato Lima fue el centro regional de la cultura, las artes, la música, el comercio, la industria, y el poderío militar.

La época virreinal, fue el período de oro de Perú.

Hoy todavía tenemos muestras de esa etapa por todas partes, y casi nada se escapa a su influencia.

Así, el centro de Lima es la más importante, más grande, y mejor conservada zona de lo que fue la capital virreinal. El trazado de la ciudad, la catedral, las iglesias, las casas con lindos balcones, el paseo de aguas, la alameda de los descalzos, etc. etc. aún se aprecian y custodian con celo.

Igualmente, cada pueblo de la costa o sierra de Perú parece un pueblo de las provincias españolas, por el trazado, tipo de viviendas, iglesias, etc.

El folklore actual de los pueblos indígenas viene de los bailes españoles, de los vestidos de la época, de las danzas que se practicaban, de las comidas que se introdujeron.

Siguen practicándose las procesiones religiosas a la usanza española, con representaciones de Dios, la virgen y santos introducidos por los españoles.

En muchos pueblos se practica por generaciones las corridas de toros, las que se realizan en plazas especialmente construidas para ello.

El peruano, es el que mejor habla el idioma castellano o español en todo Latinoamérica. Esta perfecta forma de hablar se continúa por generaciones desde la época del virreinato.

Lamentablemente en la etapa republicana se perdió el nivel alcanzado y Perú descendió de su posición hegemónica en Sudamérica a ser un país más.

Esta baja que aún persiste se produjo por la acción de pésimos presidentes, deficientes políticos, e ineptos o mal intencionados empresarios.

También contribuyeron al declive de Perú la acción de estados vecinos depredadores que saquearon o destruyeron el patrimonio peruano, el más valioso de Latinoamérica.

Aún en lo que se llamó el proceso de la independencia, las hordas de países vecinos entraron y saquearon todo lo que pudieron, para luego proclamar la "independencia" y dejar al país en total caos.

En estos últimos tiempos luego de una época republicana desastrosa, Perú parece haber despertado de un largo período de letargo e intenta recuperar con trabajo la hegemonía que tenía en Sudamérica durante la época del virreinato.

15 Estaciones Base de Teléfonos Celulares: Correlación Directa entre Mayores Ganancias de Empresas y Proliferación del Cáncer

Belo Horizonte la gran ciudad de Brasil con más de 2.5 millones de habitantes, es la tercera ciudad del país, tiene el mejor sistema de salud a nivel nacional, la mejor educación del país, con un nivel de vida bastante superior al promedio del país.

Según la ONU, es la metrópoli con la mejor calidad de vida de Latinoamérica.

Sin embargo, tiene la más alta incidencia de cáncer a nivel de todo Brasil, un fenómeno difícil de explicar.

Belo Horizonte cuenta con la más alta concentración de estaciones base de celulares o teléfonos móviles en Brasil.

La pregunta natural fue saber si existe alguna correspondencia, entre número y ubicación de antenas y el cáncer.

Al evaluar las estadísticas de mortalidad por cáncer, medida en función a la distancia de una torre de celulares a la residencia del fallecido, se obtuvo los siguientes resultados:

A 100 metros de una estación de celular 3,569 muertes

A 200 metros 1,408 muertes

A 300 metros 973 muertes

A 400 metros 482 muertes

A 500 metros 292 muertes

Más allá de los 1,000 metros 147 muertes

Del total de personas fallecidas con cáncer, el 81.37% se produjo dentro de los 500 metros de distancia a la antena, lo que indica una correlación altamente significativa.

¿Usted se imagina la cantidad de personas fallecidas por cáncer en Lima, teniendo como causa las estaciones base de teléfonos móviles que se han colocado de manera profusa por toda la ciudad sin respetar distancias mínimas?

Los hospitales están saturados por la cantidad de personas que se acercan a ellos buscando un tratamiento contra el cáncer que impida o retarde su muerte.

¿Quiénes han sido y quiénes son actualmente los funcionarios públicos indolentes o corruptos que han permitido que un muy alto número de operadores capturen la ciudad de Lima y hagan lo que les da la gana plantando estaciones base de celulares como si fueran bosques tupidos?

Dinero en el bolsillo para funcionarios y empresarios que tiene un costo demasiado alto y cruel, la muerte de millones de peruanos afectados por costosos, terribles y dolorosos tipos de cáncer.

No existe ninguna ciudad en el mundo que tenga la proliferación caótica de estaciones base de teléfonos celulares o móviles como la tiene Lima.

Es obligatorio una inmediata racionalización de las grandes antenas de la ciudad y su reubicación en lugares donde no se afecte la salud de la gente.

Debe declararse una emergencia al respecto...si
se valora la vida de los peruanos y extranjeros
que residen en la capital del Perú.

16 Inseguridad Ciudadana: Perdedores y Ganadores

Todos los días los noticieros de la televisión local nos saturan con noticias policiales, las que cubren casi toda su duración, vemos robos, secuestros, violaciones, crímenes, asaltos, estafas, etc.

Apreciamos en frecuencia diaria como va creciendo la criminalidad, sin que ninguna autoridad actúe de manera racional y con fuerza para detenerla o al menos bajar su intensidad.

El temor se ha extendido por toda la población no solo de Lima sino también de provincias.

Pero, como en toda situación de crisis que se presenta en nuestras sociedades, siempre hay perdedores y ganadores.

Veamos primero, quienes son los perdedores:

-La población, de las clases media y baja. La clase alta no, o no tanto, porque tienen los recursos para optar por medios de protección.

Ahora, veamos quienes son los ganadores:

-Obviamente, los delincuentes.

-Los proveedores de cámaras de observación, las que se vienen instalado en gran cantidad en calles, oficinas, casas, edificios de departamentos etc. Por todo Lima puede apreciarse su presencia.

-Los proveedores de armas letales y defensivas no letales.

-Los proveedores de alarmas y sistemas de seguridad.

-Los proveedores de coches de patrulla, que el Gobierno compra por miles para la policía.

-Los proveedores de motos policiales, también compradas por miles

-Las empresas de wachimanes.

Cuál otro ganador podría existir:

-El Gobierno, porque el ambiente inseguro puede ser un gran medio de distracción que haga que la población obvie observar y tratar otros serios problemas que puedan estar ocurriendo en el país.

Nos preguntamos constantemente ¿por qué el Gobierno no actúa fuerte y por el contrario con su pasividad o acciones intermitentes, viabiliza que la delincuencia siga creciendo como nunca se ha visto?

Los peruanos somos bastante indolentes y esta característica se menciona hasta en nuestro himno patrio, pero ahora esta condición, que podría ser el origen del no hacer nada frente a la inseguridad, ha sido largamente rebasada.

Cuando las situaciones van a extremos y no se generan inmediatamente, acciones racionales y efectivas, debe pensarse en la existencia de un trasfondo.

Objetivo ¿Estamos frente a una confabulación de los proveedores de equipos de seguridad y defensa personal, que están vendiendo productos como nunca antes lo habían hecho en un mercado que crece en forma geométrica? Como las guerras entre países, al menos por ahora en las américas, son un poco difíciles, las compras de armamentos enfrentan proyecciones no muy halagadoras. Entonces, puede ser que se haya determinado la conveniencia de cambiar objetivos y orientarse a incentivar la compra de equipos relativos a la protección personal y combate a la criminalidad.

Objetivo ¿Estamos frente a una política de Estado que favorece al Gobierno como eficiente cortina de humo que no deja ver otras cosas?

¿Estrategia? En la televisión local, todos los días, solo noticias de hechos policiales, con lujo de detalles y sin escatimar el tiempo empleado ¿esto puede ser una manera de inculcar y arraigar el miedo e impulsar compras de equipos y sistemas protectores?

¿Sin Medios de Lucha? Es totalmente claro que se requiere reformar completamente la policía peruana, incluyendo la disolución de la actual que se creó por una errónea y mal hecha fusión de 3 entes policiales de especialidades distintas, creando todo un engendro. La Policía Nacional del Perú PNP, como institución, no está en condiciones de enfrentar y vencer a los delincuentes.

Se agrava la situación si se suma a una deficiente PNP los otros entes policiales existentes, los serenazgos, las rondas campesinas, las rondas urbanas, el Instituto Nacional Penitenciario. Con estos actores, el escenario del caos policial está completo.

¿Incapacidad? Si solo se trata de un asunto de incapacidad de los peruanos para solucionar el grave problema de la inseguridad interna ¿por qué no se recurre con urgencia a la participación de entidades externas que tengan éxito y hayan logrado ciudades seguras o con un mínimo de criminalidad?

Lo dicho son especulaciones, las que son alimentadas por la inacción, reforzándose y arraigándose cada día en camino a convertirse en verdades, porque el tiempo transcurrido sin soluciones ya es demasiado grande.

Desde pequeños muchas generaciones de peruanos escuchamos de nuestros mayores que los españoles vinieron a Perú solo para llevarse el oro y la plata, a lo que se agregaba que en cambio los ingleses que llegaron a lo que hoy es Estados Unidos, lo hicieron para quedarse y trabajar la tierra.

Lo cierto es que España aportó mucho durante los 3 siglos en que el imperio español dominó en Perú y Sudamérica.

¿Que trajeron los españoles durante el Virreinato del Perú?: La religión católica; el idioma castellano; la escritura; las matemáticas;

el Caballo; la rueda; el ganado vacuno, ovino y porcino; los sistemas de cultivo; la vid, el vino y el vinagre; el carro con ruedas, la polea y el torno de alfarería impulsado por una rueda; vegetales comestibles como los garbanzos, las lentejas, el arroz, las almendras, las lechugas, las espinacas, las acelgas, las berenjenas, los ajos, las cebollas, las pasas, el azúcar y el limón; el hierro, el acero y la metalurgia; las técnicas de navegación transoceánicas, la ballestina (un instrumento marítimo utilizado para determinar la altura de los astros), el astrolabio, el cuadrante, la cartografía y la brújula marina; la imprenta y el papel; los talleres de arte y metalúrgicos avanzados; las armas de fuego; la pólvora; la organización física y administrativa de los pueblos; las viviendas y edificaciones según arquitectura vigente en Europa; los hospitales y farmacias; las escuelas; las universidades; las profesiones; la organización del Estado, el ejecutivo, el legislativo, el judicial; las artes: Pintura, ebanistería, alfarería, escultura, baile, teatro etc. la música, danzas, canto que se mantienen hasta la actualidad convertidos en folklore de los pueblos andinos incluyendo los vestidos de la época del virreinato, hoy algo adaptados a los gustos de los pueblos; la comida, que hoy es parte de la fusión gastronómica peruana que destaca en el mundo, etc. En el lado opuesto, Perú aportó a España: el oro; la plata; la papa o patata; el cacao y el chocolate; el maíz; el algodón; menestras como el frijol o alubia, el pallar o judía; el tomate y otros vegetales.

En los 3 siglos que estuvo vigente el Virreinato del Perú vinieron a Perú españoles muy preparados, del más alto nivel, incluyendo a muchos con diversos títulos de nobleza que lograron ubicar al Perú en la Epoca de Oro de su historia, siendo Lima la ciudad más destacada de Sudamérica, por su población con grandes personajes y la mayor y única colección de los mejores inmuebles, obras de arte, pinturas, libros, joyas etc., y con un elevado nivel de vida que era superior a cualquier otra ciudad de Sudamérica.

Los inmigrantes españoles, también tomaron posesión y trabajaron las tierras aplicando las mejores tecnologías de la época. Muchos de estos españoles se instalaron definitivamente en Perú trayendo a sus familias o casándose con mujeres del lugar, dando origen a un fuerte mestizaje, característica mayoritaria de la población peruana.

Algo también muy importante, fue la estabilidad lograda por los virreyes que lograron poblaciones ordenadas y cumplidoras de la ley.

Por lo descrito tenemos la obligación de modificar la mala imagen creada en torno a la etapa colonial peruana. Los españoles no vinieron al Perú solo a sacar oro y plata, muchos también se quedaron y legaron al Perú un importantísimo bagaje de conocimientos que transformaron al antiguo y poderoso Imperio Inca.

Pienso que la balanza histórica de la relación Perú - España, arroja un saldo positivo para Perú o en todo caso ocurrió un equilibrio entre el oro más la plata peruanos y el legado cultural que aportaron los españoles.

Por último, debemos remarcar que España fue un factor determinante de lo que hoy se conoce como Perú y de lo que actualmente se aprecia sobre la nacionalidad peruana

18 La Grandeza de las Nanas Peruanas

Para tener un mejor futuro y poder ayudar a sus familias, muchas mujeres peruanas emigran para trabajar en países como Chile, Argentina, España, Italia y Estados Unidos.

Mayormente se trata de personas jóvenes con un grado de instrucción de nivel primario, y máximo con secundaria parcial o completa.

Si bien no tienen un alto grado de instrucción, sí tienen grandes dotes personales, se trata de gente buena, humilde, confiable, trabajadora y emprendedora.

El medio ambiente en que se han criado y desarrollado les ha transmitido virtudes que la sociedad peruana posee heredada de sus rica historia y ancestros.

Las culturas preincas, el Imperio Inca, el Virreinato del Perú y los múltiples grupos migratorios que llegaron al Perú, forjaron una amalgama de cosas buenas que se vienen transmitiendo en las familias peruanas de generación en generación.

Perú destaca en la gastronomía, producto de la fusión de varias cocinas como la andina, española, italiana, china, japonesa, malaya y africana, las que llegaron con las diversas migraciones de diferentes épocas.

Igualmente, Perú es el país en el que mejor se habla el castellano, esto como resultado de haber sido Lima la capital del Imperio Español en Sudamérica y luego capital de Virreinato del Perú, por más de 3 siglos.

Resulta que en Chile y Argentina se habla no muy bien el castellano o español y su cocina no es de las mejores. Además, las personas, no todos, carecen de lo que se llama el don de gentes y de la cualidad del emprendimiento personal.

Las nanas peruanas, incluyendo las diversas denominaciones como empleadas domésticas, asesoras del hogar, sirvientas o como se les llame, están cumpliendo en su trabajo con una labor docente silenciosa.

En el interactuar diario les inculcan a niños, jóvenes y también a los patrones, cómo se habla y maneja correctamente el idioma castellano. Bastará un tiempo para ver como chilenos y argentinos empiezan a hablar mejor el idioma.

Al cocinar en la casa, las familias que las contratan empiezan a degustar la exquisita comida peruana, muy distinta a la rudimentaria cocina local.

Las familias, en adelante, conocerán lo que significa alimentarse bien y con platos agradables, algo que asimilarán para no dejar nunca.

Las familias también empezarán a moldear su comportamiento según lo que ven en la nana peruana, nos referimos al don de gentes, humildad, laboriosidad y por último a su gran espíritu emprendedor, pues verán cómo su empleada se esfuerza en avanzar para llegar a ser alguien en el futuro.

Hay numerosos emprendimientos de peruanos en Chile y Argentina, quizás el más importante sean los restaurantes de comida peruana que en gran número dominan esta actividad y muchos de ellos son de propiedad de mujeres que empezaron como nanas y lograron después de mucho esfuerzo poner un negocio propio y rentable.

Una manera de rendir tributo a grandes personajes de la ciudad o la nación, que hayan realizado actos de suma importancia, es poner su nombre en avenidas, plazas o parques.

Mientras más importante el personaje, su nombre debe figurar en las principales avenidas o plazas.

Así, la más importante plaza de Lima y el Perú, se denomina Plaza San Martín, en honor a quién proclamó la independencia, Don José de San Martín, y eso está muy bien.

Pero, dentro de la informalidad que nos rodea hay casos que no están muy sustentados.

Una de las principales vías de Lima, muy importante y extensa, la avenida Javier Prado, lleva el nombre de una persona que tuvo cargos relevantes como haber sido rector de la Universidad de San Marcos, congresista, ministro, presidente del Consejo de Ministros, y embajador, pero que no muestra haber realizado hechos muy importantes o trascendentes, que ameriten sea honrado perennizando su nombre en una de las mayores arterias viales de Lima. Pienso, que es Don Andrés Avelino Cáceres, quién luchó arriesgando su vida y de manera infatigable contra el invasor, en la Guerra del Guano y el Salitre de 1879, quién debe reemplazar a Don Javier Prado.

Es el caso también de Don Augusto B. Leguía, uno de los mejores presidentes que ha tenido Perú. La Avenida Arequipa, otra vía muy importante de Lima, fue inicialmente nombrada como Avenida Leguía, pero por razones o mezquindad política, su nombre fue cambiado por Arequipa. Es de justicia la reposición del nombre original de la avenida. Puede buscarse otra avenida para denominarla Arequipa, departamento o ciudad que, por último, como los demás de todo el Perú, no requiere de mayores homenajes.

Dentro del concepto que debe primar, de denominaciones como homenaje a personas naturales o jurídicas que dieron mucho por el Perú, deben estudiarse los casos de otras avenidas importantes cuyo nombre debe ser modificado, como la avenida Colonial, primavera, Del Ejército, La Marina, Universitaria, Venezuela, Brasil, Bolivia, etc.

Entre los personajes que merecen recibir tributo tenemos por ejemplo a Lizardo Montero, Antonio Raimondi, Humboldt, Federico Blume, Francisco García Calderón Landa, Hermasie Paget SSCC, María Elena Moyano, María Reiche, Pedro Paulet Mostajo, Decio Oyague, Fernando Belaúnde, Jose Luis Bustamante, Pedro Brescia, Inca Túpac Yupanqui, Nicomedes Santa Cruz, Luis Alva, Mario Vargas Llosa, Cesar Vallejo, Gastón Acurio, Pedro de la Gasca, Antonio José Brack Egg, Arthur Sandes, etc.

No parece un tema de importancia, pero sí lo
es, rendir tributo a peruanos o extranjeros que
hicieron esfuerzo extremo en bien del Perú,
significa encaminar a las nuevas generaciones
a seguir su ejemplo.

Debemos desterrar la mala costumbre de
poner a las avenidas y plazas los nombres de
familiares y amigos que no hicieron nada
relevante por el Perú

20 La Noble Chicha de Jora de Maíz Versus la Cerveza

La chicha de jora de maíz es una bebida oriunda de Perú, con presencia también en Ecuador, Bolivia y algunas zonas de Colombia.

Se consume desde la época de las civilizaciones preincas. Era considerada una bebida sagrada que se utilizaba en actos ceremoniales y fiestas.

En el Imperio Inca, según cuenta la tradición, durante el mandato de Túpac Yupanqui, las lluvias deterioraron los silos donde se almacenaba maíz por lo que los granos fermentaron y derivaron en malta de maíz. Para que no se eche a perder el maíz, se ordenó el reparto de esta malta para aprovecharla en forma de mote (maíz cocido en agua), pero finalmente la terminaron desechando.

Sucedió que un poblador que rebuscaba entre la basura, debido al hambre, consumió de la malta terminando sumido en una agradable embriaguez.

Fue la bebida favorita de la nobleza inca. Durante la fiesta del Inti Raymi (*) el Inca brindaba con chicha de jora de maíz en honor al dios Sol.

También era costumbre dejar un recipiente con esta bebida en la tumba de un familiar fallecido u ofrecerla como pago a la Pachamama para tener una buena cosecha.

La chicha de jora es una bebida realmente deliciosa, que no se compara con ninguna de las bebidas alcohólicas que conocemos, incluyendo a la cerveza.

Da pena ver, cómo respondiendo a una profusa y persistente publicidad, las comunidades quechuas y aimaras que pueblan los andes, ahora prefieren y consumen en exceso cerveza, dejando de lado a la ancestral chicha de jora.

En Lima y ciudades costeras, hace unas décadas era costumbre en almuerzos y cenas servir chicha de jora como algo especial en honor a los invitados. Ya no existe esta tradición y prevalece la cerveza.

Llama la atención también cómo en los restaurantes peruanos que se precian de contar con un gran arte gastronómico de alcance mundial no se ofrezca la chicha de jora y a cambio, se provea cerveza o bebidas gaseosas.

Sin embargo, en la gastronomía peruana de algunas zonas del Perú, se utiliza la rica chicha de jora en la preparación de muchos platos como el seco de cordero y el adobo arequipeño, comidas a las que otorga un delicioso sabor. Igualmente, en otros lugares como en Catacaos - Piura, es costumbre que en los pocos sitios en donde se vende chicha, coloquen una banderita blanca, para indicar que tienen la bebida.

Desde las 5 de la mañana, durante todo el día y en todos los días del mes, las televisoras y radios del Perú, se dedican a publicitar el consumo de cerveza, bajo argumentos de que tomando la bebida podemos tener más amigos, las mujeres nos van a buscar y otros argumentos falsos. No promueven sabores sino inculcan efectos de fantasía.

Es por la falsa publicidad que la cerveza se ha constituido en la principal bebida alcohólica del Perú desplazando a la chicha de jora, una bebida menos dañina y de mejor sabor.

Además, la chicha de jora es beneficiosa para nuestra salud, veamos porqué:

- Posee propiedades diuréticas
- Buena para las personas diabéticas
- Ayuda a bajar de peso.
- Ayuda a bajar la presión arterial.
- Ayuda contra las enfermedades de la próstata.
- Ayuda a eliminar toxinas de los riñones.
- Ayuda contra las enfermedades del corazón
Por último, la chicha de jora es fácil de preparar y tiene un grado alcohólico variable

pero siempre inferior que la mayoría de las otras dañinas bebidas alcohólicas.

La bebida de bandera de Perú es el pisco, calificación para la que tiene más linaje la chicha de jora (jlhurtadov)

.(*) El Inti Raymi es una antigua ceremonia religiosa andina en honor al dios Inti, que se realizaba en el Imperio Inca cada solsticio de invierno, el 24 de junio. En la actualidad, cada año en Cuzco se realiza una gran representación simulando la imponente ceremonia de la antigüedad.

21 Largo Tiempo el Peruano Oprimido la
Ominosa Cadena Arrastró Condenado a una
Cruel Servidumbre Largo Tiempo en Silencio
Gimió

JOSÉ DE LA TORRE UGARTE – AUTOR LETRA DEL HIMNO
NACIONAL DEL PERÚ

El himno nacional de Perú se canta con el texto
de la parte denominada Coro, y con la letra de
una de las estrofas, que en total son 7.

El himno se instaló en 1821 luego de la
independencia. Se cantó el Coro y la Primera
Estrofa hasta septiembre del año 2009, mes en
el que se decide reemplazar el canto de la
Estrofa 1 por el de la Estrofa 7.

Coro

"Somos libres, seámoslo siempre y antes
niegue sus luces el Sol, que faltemos al voto
solemne que la Patria al Eterno elevó."

-Estrofa que se cantaba:

Estrofa I

<u>**"Largo tiempo el peruano oprimido la ominosa cadena arrastró; Condenado a una cruel servidumbre largo tiempo en silencio gimió. Mas apenas el grito sagrado ¡Libertad! en sus costas se oyó, la indolencia de esclavo sacude, la humillada cerviz levantó."**</u>

-Estrofa que se canta actualmente:

Estrofa VII

"En su cima los Andes sostengan la bandera o pendón bicolor, que a los siglos anuncie el esfuerzo que ser libres, por siempre nos dio. A su sombra vivamos tranquilos, y al nacer por sus cumbres el Sol, renovemos el gran juramento que rendimos al Dios de Jacob."

Sin duda, el texto de la Estrofa I era denigrante y no nos explicamos cómo fue aprobado y cantado por los peruanos por tanto tiempo. Viene a ser un legado "cariñoso" de los "libertadores".

Pero ese texto no sólo no debe ser cantado sino debe ser eliminado, porque describe algo falso; los 3 siglos de vigencia del Virreinato del Perú, representaron para los peruanos todo lo contrario, fue la época cumbre de la historia peruana en todo aspecto, era el Estado modelo, de mayor desarrollo y con dominio de toda Sudamérica, al que San Martín y Bolívar los "libertadores", luego de saquearlo, lo destruyeron por completo dejando ruinas, caos, y pandillas de militares peleándose por tomar el poder y continuar con la depredación.

En el Virreinato, solamente existió la esclavitud en el caso de los peruanos de raza negra, pero esta condición no fue abolida por los "libertadores" sino por el presidente Ramón Castilla el 03 de diciembre de 1854, 33 años después de la "independencia".

A diferencia de lo que ocurrió con los demás pueblos de Sudamérica, la independencia significó para el Perú el fin de una etapa de auge y el ingreso a una época de subdesarrollo, carencia de valores y corrupción de la que aún no sale.

DISTRITO DE MIRAFLORES

¿Si hablamos de Lima, a cuál de ellas nos referimos, Miraflores, San Isidro, Magdalena del Mar, el centro, Comas, Villa El Salvador o a las últimas invasiones? al calificar a Lima deberíamos tener presente a cuál de ellas lo hacemos.

Lima, antes del dictador Gral. E.P. juan Velasco Alvarado era bonita como Madrid y ahora es un mosaico, con algunas áreas bellas y otras que requieren urgente cirugía plástica.

Distritos costeros como Magdalena del Mar, San Isidro, Miraflores y Barranco son dignos de ser escogidos para vivir y visitar. Todos con una preciosa vista al Océano Pacífico.

Miraflores y Barranco, con zonas antiguas tradicionales y también partes modernas, con parques y alamedas atractivas para pasear por ellas. Tienen buenos restaurantes y vida nocturna. Miraflores es preferido para alojamiento en hoteles, porque son buenos y cercanos a lugares de paseo, cafeterías, cines, restaurantes y otras atracciones.

San Isidro es uno de los distritos con el que la gente prefiere identificarse, porque es una zona de viviendas y oficinas de alto valor. Decir "vivo en San Isidro" otorga una mejor imagen a las personas. La zona financiera y empresarial de Lima se ubica en este distrito.

Magdalena del Mar es un antiguo y lindo distrito, para vivir y para pasear, posee una parte popular pero también atractiva por ser tradicional. También tiene zonas limítrofes equiparables a San Isidro, En su zona de playa se escenifica cada año "Mistura", la más importante feria gastronómica de Latinoamérica.

Existen otros distritos de buen nivel social pero mediterráneos, como San Borja, Monterrico, La Molina, Surco, todos ellos son para vivir con pocos lugares para pasear, salvo Surco que posee parques interesantes.

Seguimos con los distritos mediterráneos y nos encontramos con antiguos, de viviendas, mayormente en un nivel más popular, como Pueblo Libre, San Miguel, Breña, Jesús María, Lima Cercado, La Victoria, Chaclacayo y Puente Piedra. En el extremo norte tenemos Ancón, frente al mar, con zonas diversas unas populares y otras de mayor nivel. En el extremo centro tenemos Cieneguilla y Chosica, lugares para fines de semana con mucho sol y restaurantes.

Y aquí termina la Lima convencional, porque los demás distritos han sido el resultado de invasiones a lo largo de muchas décadas, de gente de provincias, principalmente de la sierra, que emigró masivamente a Lima a partir de los años 70.

A las invasiones se denominó Pueblos Jóvenes. A los más antiguos, convertidos ya en zonas urbanas convencionales, se les ha dejado de llamar así, tomando diferentes nombres como distritos, tal es el caso de Carabayllo, Comas, San Martín de Porres, Independencia, Los Olivos, en lo que se llama Lima - Norte. En Lima - Sur tenemos Villa El Salvador, San Juan de Miraflores, Villa María del Triunfo. Son zonas con gran cantidad de población, la que avanza con tesón para superar sus carencias y lograr convertirse en ciudades modernas con todos los atractivos y facilidades necesarias. En los extremos de estos nuevos distritos, tenemos nuevos asentamientos humanos en pleno desierto, gente muy pobre, casas de esteras, con carencias de agua y desagüe, luz y todo tipo de servicios públicos.

Más al sur, Lima tiene distritos apartados de playa, los que poco a poco se van uniendo físicamente con la gran ciudad, caso de Lurín, Pachacamac, Pucusana, Naplo, Punta Hermosa, Punta Negra, San Bartolo, Santa María del Mar, Asia y un gran número de playas aisladas con visitantes durante el verano.

Así es lo que se llama Lima Metropolitana, unida pero diferente a la provincia de El Callao que incluye el principal puerto y varios distritos mayormente populares, salvo La Punta que es de mayor nivel.

Si el visitante viene a Lima por negocios o actividades empresariales o financieras es preferible que se oriente hacia el distrito de San Isidro.

Si se viene a Lima en viaje de placer, el mejor destino es Miraflores porque tiene un agradable ambiente, hoteles, restaurantes cafeterías, cines, parques, malecones, centros comerciales, otras diversiones como parapente, surf y vida nocturna, todo a la mano y caminando.

Allá por los años 40 Lima contaba con todo un sistema integral de transporte eléctrico que unía a los diferentes distritos existentes en esa época en la capital.

De niños nuestros padres nos llevaban en el verano desde Magdalena del Mar, donde vivíamos, hasta la playa de Cantolao en el distrito de La Punta en El Callao.

El viaje era fácil, cómodo y agradable. Tomábamos el tranvía en la Avenida Brasil en Magdalena, llegábamos a la plaza San Martín en el centro de Lima, y hacíamos un intercambio con otro tranvía que iba a La Punta pasando por El Callao.

Nos bañábamos en la playa, luego nos duchábamos en los excelentes servicios públicos existentes, comíamos un rico pan con palta o butifarra, y regresábamos por la misma ruta a casa.

Cero dificultades, viajar sentado, tranvías limpios, conductores educados, en fin, visto desde nuestra perspectiva actual, el paraíso.

Pero que pasó, llegaron los indolentes y decidieron eliminar, no nos explicamos porqué, totalmente los tranvías, retirando incluso todos los rieles, como para dar a entender que no había marcha atrás y que la medida era radical.

Todo se convirtió luego en un infierno, el reemplazo de este excelente sistema eléctrico de transporte fueron pequeñas camionetas, desechos de Japón, y destartalados buses escolares de Estados Unidos que tuvieron su mejor época en ese país allá por los años 50.

Aparecieron choferes y cobradores malcriados, interiores sucios, radios estridentes, asientos estrechos sin espacio para las piernas, irrespeto total por las normas de tránsito, pasajeros y peatones muertos, paralíticos, mutilados sin piedad, familias destruidas, todos los días, tanto, que ya nos hemos acostumbrado a estos abusos sin nombre de transportistas salvajes.

Nos preguntamos sin descanso, ¿por qué se eliminaron los tranvías en vez de modernizarlos y ampliar su recorrido conforme Lima crecía hacia el norte, sur, y centro, creando nuevos centros de intercambio?

Como no encontramos justificación a esta barbaridad cometida, solo nos queda una explicación, sucedió esto por nuestra arraigada INDOLENCIA.

Algunos pocos peruanos hacen las cosas bien, pero vienen los mayoritarios peruanos indolentes y destruyen todo lo bueno que encuentran en su camino. Nada les importa los demás peruanos, sino saciar sus intereses personales.

24 Los Latinoamericanos Carecemos de Inteligencia Creativa

Me hago la pregunta sobre si los latinoamericanos carecemos de una inteligencia creativa, porque es fácil ver que para todo recurrimos a productos, sistemas, o tecnología creada y desarrollada en países como Estados Unidos, o de Europa como Alemania, Francia, Italia, Reino Unido, o de Asia como Japón, China, Corea, etc.

En casa, podemos tener televisor, refrigerador, cocina, batidora, licuadora, horno microondas, calefacción, aire acondicionado, sistemas de seguridad, carro o coche, computadora de escritorio, sistema inalámbrico, moto, scooter, etc. y ninguno de estos productos o sistemas ha sido creado, desarrollado, probado y fabricado en algún país de América Latina.

Como personas, podemos tener un moderno reloj pulsera, un teléfono inteligente, una tablet, una computadora portátil. Vestir con ropa y zapatos finos de marca. Usar perfumes de alta calidad. Y también en este caso nada ha sido creado, desarrollado, probado y fabricado en país latinoamericano alguno.

¿Pero los latinoamericanos sí podemos explotar y vivir de nuestros recursos naturales? Tampoco eso. Por nuestra incapacidad, son compañías extranjeras las que hacen la exploración, sondeos, pruebas, para encontrar minerales, petróleo o gas natural, y una vez que han sido hallados, son ellas las que consiguen financiamiento y proveen los equipos y sistemas para la explotación del yacimiento, y luego se encargan también de la exportación y transporte al mercado de destino en el exterior. ¿Y, que hacen los países latinoamericanos? fácil, solo se dedican a cobrar impuestos y vivir de ellos.

¿Pero en la agricultura es otra cosa? Sí y no, porque grandes países como Brasil, Argentina y otros como Bolivia, Paraguay y Chile, han sido incapaces de desarrollar sus propias semillas mejoradas y deben recurrir a importarlas de empresas de Estados Unidos y otros países de Europa. Son las mal acreditadas semillas transgénicas que permiten mayores volúmenes de producción, pero son dañinas para la salud del ser humano. Maíz, soya, trigo, y algunas frutas, principal producción de estos países dependen de semillas, pesticidas y fertilizantes

muy dañinos que deben ser importados cada
año.

Pero México, Brasil, Argentina, Venezuela,
Colombia, Chile fabrican autos o coches.
¿Fabrican?: no, solamente ensamblan. Ninguno
ha creado, diseñado, probado, y fabricado nada
del carro, solamente reciben las piezas y las
unen como un rompecabezas con un plano
hecho en el exterior.

Existen en Chile grandes y modernos
observatorios espaciales. Sí, pero son europeos
los sistemas, equipos y personal científico. Chile
solo entregó el terreno donde se instalaron.

Varios países como Perú, Chile, Bolivia,
Venezuela, etc. tienen sus satélites de
observación o comunicaciones. Sí, pero
ninguno lo diseñó, probó, fabricó y puso en
órbita.

Perú está construyendo buques hasta de gran
calado, como el buque escuela a vela Unión,
fragatas, patrulleras, remolcadores, buques

multipropósito etc. Es cierto, pero requiere adquirir en el exterior diseños, planos de construcción y equipos. Es el caso también de astilleros de Brasil, Argentina, Chile etc.

Brasil, Argentina y últimamente Perú producen aviones. Igual que en el caso de los carros o coches, es realmente un proceso de ensamble. Países como Estados Unidos, Alemania, Francia, Corea, China son los que proveen diseños, planos, partes, equipos etc.

¿Será algo genético? ¿Falta el gen de la creatividad en los latinos? ¿Se trata solamente de ociosidad? ¿Contribuye la corrupción? ¿Se trata de una pésima educación? ¿O los gobernantes latinos carecen de suficiente inteligencia, preparación y óptima orientación, como para no dar ninguna importancia a este tema?

En ningún país latinoamericano tienen la visión clara en el sentido de que no podrán llegar nunca al nivel de país desarrollado, si no son capaces de crear productos, sistemas, tecnologías, de las cuales puedan empezar a depender otros países.

Para demostrar la gravedad latina en el tema de la falta de creatividad y alto nivel de dependencia, podemos ver que sus ejércitos están vestidos con diversos uniformes de otros países, así en Chile el ejército usa uniformes alemanes de la época de los nazis, su marina usa uniformes de la marina inglesa, y sus aviadores usan uniformes americanos. Perú, utiliza uniformes franceses. Colombia viste a su ejército con uniformes de la época del káiser alemán. La situación se repite en Venezuela, Brasil, Argentina, etc.

Urgente es la necesidad de que los Gobiernos intervengan directamente, promoviendo y financiando la formación de profesionales y técnicos que egresen en capacidad de crear nuevos productos y sistemas, cuyo desarrollo, prueba y fabricación deberá promover, financiar y apoyar el Estado en primera instancia, otorgando la mayor prioridad.

¿Queremos llegar a vivir en un país desarrollado con un elevado nivel de vida o continuar haciéndolo en uno frágil de nivel mediocre y que depende para sobrevivir de la creatividad de otros países?

Sistema de bolos, ánforas, y manejo manual del proceso a la vista del público. Los niños introducen uno a uno los bolos al ánfora que luego se hace girar, luego los niños retiran uno a uno los bolos y cantan los resultados ante el público y un jurado. Fechas fijas de sorteo, fiestas patrias, navidad etc. Ningún español duda de la confiabilidad de la prestigiada Lotería Nacional de España.

Que diferencia con lo que sucede actualmente en Lima y el Perú. La prestigiada Lotería de Lima y Callao que utilizaba el mismo sistema de la Lotería Nacional de España, **en un grave error**, fue suprimida, y reemplazada por otras que usan maquinitas, sistemas automáticos, computadoras, nada a la vista, cero comprobable por el público. Sistemas que no generan confianza. Además, el otorgamiento de premios no tiene fecha fija, pueden pasar meses de meses y nadie gana nada. Y, nunca sabemos quiénes fueron los ganadores...

Nos preguntamos, ¿por qué, la Beneficencia Pública de Lima no hace un nuevo lanzamiento de su Lotería? ¿Porqué, se permite en Lima, loterías que corresponden a beneficencias como las de Huancayo, y otras provincias?

Los peruanos deseamos el pronto relanzamiento de la Lotería de Lima y Callao, utilizando el formato español. Esta medida beneficiaría al público y sobre todo a niños y gente de bajos recursos que reciben la ayuda de la Beneficencia de Lima.

Refuerza nuestras dudas sobre las loterías con sistemas automáticos, lo ocurrido recientemente en la lotería nacional de Serbia donde se han identificado irregularidades que mostrarían un supuesto fraude para que no haya ganador.

Como se ve en las imágenes, el sorteo se realiza sin problemas con las primeras tres bolillas. 4, 33 y 12 son los números elegidos, el problema empieza en la cuarta bolilla. La bolilla seleccionada es la número 27, pero la placa de pantalla hace que aparezca el número 21 y este supuesto error de edición continúa con la quinta bolilla.

La modelo parece sorprenderse y procede al recuento de las bolillas. La sexta elegida es el número 6, mientras que la última el 13.

Hasta el primer ministro serbio, Aleksandar Vucic, se ha pronunciado "Si ha habido alguna actividad criminal responderán ante la ley. El camino a la cárcel es muy corto", acotó.

26 Los Transgénicos son un Grave Peligro para la Agricultura de Perú y para la Salud de los Peruanos

Un transgénico u Organismo Modificado Genéticamente (OMG) es un organismo vivo que ha sido creado artificialmente manipulando sus genes.

La manipulación genética consiste en aislar segmentos del ADN (el material genético) de un ser vivo (virus, bacteria, vegetal, animal e incluso humano) para introducirlos en el de otro. Por ejemplo, el maíz transgénico que se cultiva en España lleva genes de bacterias, para producir una sustancia insecticida. Y la patata transgénica aprobada en marzo de 2010, llevaba un gen que podría anular el efecto de ciertos antibióticos.

Actualmente, la propia empresa BASF ha abandonado los planes de desarrollo y comercialización de esta patata transgénica en Europa debido a la oposición de la mayoría de consumidores, agricultores y clase política.

La diferencia fundamental con las técnicas tradicionales de mejora vegetal es que la manipulación genética permite franquear las barreras entre especies para crear seres vivos que no existían en la naturaleza.

Se trata de un experimento a gran escala en que se nos involucra a todos en contra de nuestra voluntad.

Tras años de debate público, la mayoría de los ciudadanos españoles, al igual que los del resto de Europa, mantiene una actitud contraria a los transgénicos.

Esta oposición ha llevado a muchas empresas a eliminar los ingredientes transgénicos de sus productos

Los cultivos transgénicos utilizados para alimentación humana en la UE son fundamentalmente algunas variedades de maíz y de soja.

El maíz, la soja o sus derivados industriales están presentes en más del 60 por ciento de los alimentos transformados, desde el chocolate hasta las patatas fritas, pasando por la margarina y los platos preparados.

Un alto porcentaje del maíz y de la soja que llegan a España provienen de países que cultivan transgénicos a gran escala, como Argentina o Estados Unidos.

En España, además, se cultivan unas 116.000 hectáreas de maíz transgénico (es el único país de los 27 de la UE Guía roja y verde de alimentos transgénicos 5ª edición – Actualización 20 de enero de 2014 cuyo Gobierno ha venido tolerando desde 1998 su cultivo a escala comercial).

Algunos ejemplos de ingredientes y aditivos derivados del maíz y de la soja, y por tanto 'sospechosos' de tener un origen transgénico, son:

• Soja: harina, proteína, aceites y grasas (a menudo se 'esconden' detrás de la denominación aceites/grasas vegetales), emulgentes (lecitina–E322), mono y diglicéridos de ácidos grasos (E471), ácidos grasos.

• Maíz: harina, almidón*, aceite, sémola, glucosa, jarabe de glucosa, fructosa, dextrosa, maltodextrina, isomaltosa, sorbitol (E420), caramelo (E150), grits.(Datos: Greenpeace)

En el Perú no se debe permitir el cultivo de alimentos transgénicos porqué afectaría la biodiversidad de la flora y fauna peruana, contaminando los productos naturales que son la riqueza peruana.

Perú está en una gran ventaja porque sus productos agrícolas y pecuarios son naturales, no manipulados genéticamente, justamente tiene lo que ahora buscan los compradores externos alimentos 100 % orgánicos, aquellos que no hacen daño al ser humano.

Sin embargo, Perú importa soya y maíz amarillo transgénicos que son producidos en Brasil, Argentina y Bolivia.

Estos transgénicos sudamericanos se utilizan como alimentos para aves (principalmente pollos), para producir aceites y otros usos como parte de otros alimentos.

Sabemos que Chile produce transgénicos, pero solo para la exportación. Está prohibido su consumo por los chilenos. Más claro imposible, el veneno solo para exportar, para que lo coman en otros países.

Realmente existe una gran controversia mundial donde predominan las personas que piensan que los transgénicos, productos creados por el hombre manipulando genes originales generan enfermedades severas y mortales como el cáncer.

Así que lo mejor es no consumirlos y cuidarnos de comer productos naturales orgánicos no manipulados genéticamente, como los que Perú produce y exporta.

27 Mejores Sistemas de Reclutamiento para Elevar la Calidad del Servidor Público

Hoy nos damos cuenta de que hace unos años y mejor unas décadas atrás, las personas que laboraban en el sector público eran de mejor calidad.

Y no nos referimos al factor racial, sino a los estándares educativo, de moralidad, de confiabilidad, de laboriosidad, y en general a lo que podríamos llamar el porte del funcionario público.

Cuando vemos que un servidor público, ocupando un cargo determinado, no es presentable como tal, o no lo representa, estamos frente a un preocupante proceso de deterioro humano.

En una visión de mayoría, podemos determinar por ejemplo y fácilmente que los generales actuales serían hace unos años solo unos buenos sargentos, que los médicos actuales serían buenos enfermeros o enfermeras, que los profesores actuales solo hubiesen sido buenos auxiliares de educación, que los congresistas actuales quizás hubieran llegado a ser con esfuerzo auxiliares administrativos de las cámaras de diputados y senadores, y hasta las monjitas aunque no son servidores públicos, ya no son las de antes, y podríamos seguir enumerando muchos ejemplos más.

El proceso de deterioro se sigue agravando porque los que están ocupando actualmente cargos públicos llevan a trabajar a sus pares que pueden ser de menor nivel aún. Así tenemos por ejemplo que un congresista, por ayudar a un amigo o colega sin trabajo, lo alienta a ingresar al congreso nacional, aunque no tenga las condiciones para ello, igualmente un general recluta gente de su entorno a la escuela de oficiales, e igual proceden los profesores, los médicos, etc.

Estamos obligados a cambiar radicalmente los actuales sistemas de reclutamiento de gente para laborar en el sector público.

Del sistema pasivo y atado, debemos pasar a un sistema activo y dirigido a captar a las mejores personas de las mejores entidades educativas.

Las escuelas militares y de policía deben concurrir a los mejores colegios y tratar de captar a los alumnos más destacados, para que sigan las diversas carreras militares o policial. Y aún más, aquellos ubicados en el quinto superior en orden de méritos podrían ingresar en forma directa y sin costo alguno. Solo requerirían una prueba de condición física y de salud.

Los ministerios, instituciones públicas, todos los sectores públicos, y poderes públicos, deberán concurrir a las mejores universidades y promover el interés de los alumnos de los programas educativos según corresponda. Igualmente, en este caso, aquellos estudiantes que por méritos integren los quintos superiores ingresarán directamente al ministerio o entidad pública de su interés.

Las entidades que reciban alumnos deberán brindarles el entrenamiento y las prácticas complementarias que sean necesarias.

No será posible obtener un resultado de mejora inmediato, pero en unos años estaremos satisfechos del nivel de nuestros servidores públicos.

Este sistema tiene la virtud de cortar de raíz el vicio del compadrazgo, estableciendo solo el factor mérito para el logro del éxito.

Alumnos, colegios, y universidades, deberán esmerarse para situarse en los quintos superiores dentro de los rankings de rendimiento y calidad que se elaboren.

Pensando en tener congresistas de mayor nivel, son los partidos políticos los que deben incorporar a sus filas a nuevos elementos entre los mejores jóvenes de las mejores universidades. Ellos serán la cantera de donde saldrán sus candidatos a congresistas y otros cargos de elección popular.

28 Perú es una Democracia con Partidos Políticos Conducidos por Dictadores

En Perú se aplican conceptos democráticos.

Perú es un país democrático, macrosistemas democráticos, existen en Perú, aunque sean imperfectos.

¿Pero se replican en el nivel micro, los sistemas democráticos que caminan en el nivel macro?, la respuesta es ¡NO!

¿Alguna vez alguien ha visto que los partidos políticos peruanos realicen elecciones formales, bajo control de las autoridades electorales peruanas, para designar a su candidato a la Presidencia del Perú? ¡JAMAS!

¿Alguien, por casualidad, siguió la realización de procesos electorales en los partidos para designar a sus candidatos a congresistas? ¿y a alcaldes, a regidores, a autoridades regionales?¡NUNCA!

Alberto Fujimori, Alan García, Alejandro Toledo, Ollanta Humala, Keiko Fujimori, Pedro Pablo Kuczynski no son líderes de sus partidos como consecuencia de un proceso electoral interno, son autoridades vitalicias, los dueños.

Los partidos políticos peruanos son organizaciones de fantasía, porque se crean para sustentar una candidatura, pero luego entran en un período de latencia o hibernación, hasta que se aproximen otros procesos electorales época en que reviven temporalmente.

En estas deficientes organizaciones no existen normas ni reglamentos de funcionamiento y menos procesos de elecciones de sus propias autoridades.

Si los partidos políticos peruanos estuviesen bien organizados y tuvieran un funcionamiento eficiente, podríamos tener gente de mejor calidad de la que tenemos ahora, en el poder ejecutivo y en el poder legislativo.

Actualmente en Perú, todos los candidatos designados por los partidos son seleccionados por los líderes valorando sus aportes económicos, amistad, y hasta en algunos casos vínculos mafiosos con la cúpula, etc. No existen requisitos ni condiciones personales, profesionales, morales que deben cumplir los que entrarán en elecciones internas en búsqueda de una designación para participar como candidato en las elecciones del país.

Los impresentables no deben figurar en las listas de candidatos, en cambio deben aparecer personas que tengan méritos reales y comprobables para estar en ellas. Las listas oficiales deben ser ordenadas en orden descendente según calificaciones.

No tengo los requisitos, pero ¿podría yo negociar mi incorporación a una lista de candidatos si aporto una suma importante de dinero al partido? en la actualidad, es posible, y así se ha venido haciendo. Pero en un sistema correcto, esto sería un imposible.

Miremos los políticos que nos rodean, están en importantes cargos públicos, pero la mayoría no merece estar en ellos, porque no tienen las condiciones para ocuparlos. Esta gente, impresentable, solo hace daño a las instituciones democráticas y al país.

El Estado peruano a través de su poder electoral debe tener injerencia plena en la verificación de la correcta organización y funcionamiento de los partidos, en la adecuada realización de elecciones internas, y en el establecimiento de los requisitos para ser candidatos.

Por el bien de la democracia peruana, debemos dar por terminada la era de los dictadores vitalicios al mando de los partidos políticos peruanos, y dar paso a los líderes de partido elegidos democráticamente por sus valores personales, morales, y profesionales, esta gente de calidad reclutará a sus pares de igual o mejor nivel.

Para elevar a un nivel digno los poderes del Estado peruano, se debe dar máxima importancia a la organización de los partidos políticos y a las elecciones dentro de ellos, prohibiéndose también las reelecciones.

La gran masa de impresentables que tanto daño están haciendo al Estado peruano debe desaparecer del espectro político.

El día 28 de julio de cada año, lo que era el poderoso Virreinato del Perú, conmemora su independencia y transformación en una república.

Sin embargo, en el día mencionado del año 1821, José de San Martín, solamente hizo una proclama de independencia, pues no había vencido al Virrey quién se mantenía en el poder y con todo su ejército intacto y vencedor.

San Martín y su ejército argentino/chileno se retiran del Perú habiendo fracasado en sus intentos de derrotar al ejército del virreinato.

A continuación, ingresa al Perú el ejército de Simón Bolívar, conformado por venezolanos, colombianos y ecuatorianos, siendo su columna vertebral sin embargo un regimiento del ejército británico denominado Rifles.

Luego de varios encuentros, el día 3 de diciembre de 1824, se produce la Batalla de Corpahuaico, en la que se enfrentan, el ejército del virrey y el regimiento británico Rifles, que cubría la retaguardia del ejército de Bolivar.

En Corpahuaico, resulta vencedor el virrey y mueren alrededor de 200 británicos al mando del irlandés Arthur Sandes, después de combatir con gran valentía. Sin embargo, se trató de una victoria pírrica, porque el vencedor quedó prácticamente diezmado, por falta de municiones, comida, agua, gran cantidad de heridos y muertos, y alto número de deserciones.

Ante la situación y reconociendo que ya no podía vencer al ejército de Bolívar, decide hacer un pacto secreto con el ejército grancolombiano para simular una batalla en Ayacucho en la que "vencería" el ejército que buscaba la independencia. Y así ocurrió el 09 de diciembre de 1824, 6 días después de Corpahuaico.

Sin embargo, el proceso de independencia aún no había terminado. En el Callao, resistiendo en la Fortaleza del Real Felipe, se encontraba un grueso contingente del ejército virreinal al mando de José Ramón Rodil y Campillo, el que se negaba a rendirse a pesar del asedio de casi dos años,

Contaba para su defensa con los veteranos regimientos Real de Lima y Arequipa junto a los soldados independentistas desertores que se le habían unido. Se habían refugiado también en el Callao millares de civiles realistas. Las muertes se producían en gran número por hambre y enfermedad.

Finalmente, el 22 de enero de 1826 cuando casi todos sus soldados habían muerto y los sobrevivientes ya no tenían nada para comer, Rodil aceptó capitular, había pasado poco más de 1 año desde la "batalla" de Ayacucho.

Entonces, las fechas tenemos para considerar como la de independencia de Perú, serían:

-28 de julio de 1821;

-03 de diciembre de 1824;

-09 de diciembre de 1824; y,

-22 de enero de 1826.

Me parece que la fecha correcta sería la del 03 de diciembre de 1824, fecha en la que se produce la Batalla de Corpahuaico, en la que el ejército del Virrey queda diezmado y derrotado en la práctica, y en la que se inmolan más de 200 británicos del Regimiento Rifles.

Es necesario señalar que, en un gesto que no se entiende, nunca el Perú rindió homenaje a estos héroes británicos, verdaderos autores de la independencia peruana y a quienes Bolívar reconoció como los "Libertadores del Perú".

30 Perú Requiere Directores Técnicos Extranjeros No Solo para el Deporte

Para el fútbol y el vóley Perú contrata directores técnicos extranjeros porque en el país no hay gente preparada para cumplir esa tarea.

Si se hace esto, para actividades deportivas, por qué no se puede practicar lo mismo para sectores de mayor prioridad que no funcionan bien.

En algunos sectores Perú no tiene gente suficientemente preparada, capaz y con experiencia de éxito, como para aplicar y llevar adelante mejoras que hagan más eficaz y eficiente el funcionamiento de las entidades públicas.

Es bastante claro que Perú necesita directores técnicos extranjeros para:

-El Congreso Nacional

-El Ministerio del Interior

-La Policía Nacional

-La DINI (servicio de inteligencia)

-El Ejército Peruano (de tierra)

-El Ministerio de Educación

-El Poder Judicial

-La Fiscalía (Ministerio Público)
-El Tribunal Constitucional

-Los gobiernos regionales

-La Municipalidad de Lima, y y las de provincias.

-El Consejo Nacional de Ciencia y Tecnología - Concytec

-La Contraloría General

Hay países muy destacados en estos sectores, a los cuales el gobierno peruano debe recurrir pronto en busca de directores técnicos, gente con historial de éxitos.

Una manera es la que ya se viene aplicando en algunos países con buenos resultados, reclutar profesionales jubilados de países desarrollados como Estados Unidos, Canadá, Alemania, Francia, Reino Unido, Japón, Corea, Italia, España etc.

Bastantes jubilados extranjeros desean seguir siendo útiles, sino lo pueden en su país, en otro que les dé la oportunidad.

Cada país tiene un lado fuerte en el que ha destacado, gracias al trabajo de gente que por edad debe pasar al retiro, pero que aún posee en buen estado todas sus facultades.

El reclutamiento de jubilados extranjeros no es una tarea difícil, basta una buena campaña publicitaria en países desarrollados, revisión y comprobación de experiencias de éxito por parte de las embajadas peruanas, comprobación de estado de salud y una buena remuneración.

Los profesionales extranjeros contratados bajo esta modalidad podrían también enseñar en las universidades y contribuir así a elevar el nivel de formación de los peruanos, incorporando la investigación en los ciclos de enseñanza.

Las universidades calificadas podrían ser también partícipes del proceso de dirección técnica en las entidades públicas, trabajando en forma asociada con los profesionales jubilados contratados por el Estado peruano.

UN EJEMPLO A SEGUIR: ALAMEDA DE LOS REYES VISIGODOS – PLAZA DE ORIENTE – MADRID - ESPAÑA

Es tan rica la historia del Perú, que los peruanos en la actualidad a veces adoptamos actitudes y ejecutamos acciones que hacen ver nuestra confusión al respecto.

Perú, la civilización madre de Sudamérica, ha tenido 4 etapas en el desarrollo de su historia, la etapa preinca con la presencia de múltiples civilizaciones o culturas, luego aparece el imperio inca que integra y culturiza Sudamérica, posteriormente llegan los españoles estableciéndose el virreinato por 3 siglos, una era cumbre, y finalmente se impone la república próxima a cumplir 2 siglos.

Por otro lado, a diferencia de otros países sudamericanos, Perú recibió una gran variedad de inmigrantes. Llegaron españoles, chinos, japoneses, africanos, malayos, italianos, alemanes, austriacos, árabes, palestinos, judíos, franceses, ingleses etc.

Con esta relevante historia, y gran variedad de orígenes, se hace muy difícil definir lo que es y lo que significa ser peruano.

El peruano actual no es exclusivo de alguna de las etapas históricas. No es propio de alguna civilización preinca, no se identifica con el imperio inca, no reclama ascendencia en el virreinato, e incluso no tiene nada que ver y más bien rechaza la época turbulenta de gran parte de la república donde proliferaron verdaderas bandas de militares y civiles que combatían para apoderarse del gobierno y saquear el país; tampoco está entre los derrotados en la Guerra del Guano y el Salitre, debacle causada por políticos corruptos y militares ineptos.

Igualmente, los peruanos descendientes de colonos, ya no se sienten ni chinos, ni japoneses, ni malayos, ni africanos, ni italianos, ni alemanes, ni austriacos, ni árabes, ni palestinos

147

etc. todos se sienten peruanos a pesar de que su apariencia externa sea diferente. Esto se da tanto en el caso de haberse mantenido un linaje ancestral limpio, como en el caso de cruces con peruanos de otros orígenes.

Así como la exitosa comida peruana es una fusión de las comidas de todas las épocas de la historia, y de todas las comidas que trajeron los colonos europeos, africanos y asiáticos, el peruano como ser humano resulta una fusión de todas las razas originarias y las que llegaron en el transcurso de la rica y única historia del Perú.

Es así. Entonces estamos obligados a honrar e instruir sobre lo acontecido en todas las etapas, porque todas son nuestra historia y no historia ajena. Los personajes preincas y sus obras; los incas y el imperio; la cumbre histórica con el virreinato, y resaltar lo malo del período inicial e intermedio de la república con los caudillos corruptos, pero también lo bueno, como el caso de presidentes honestos como José Luis Bustamante y Rivero.

Es racional recordar en alamedas y plazas a los personajes de las civilizaciones preincas, a cada inca que haya destacado, a cada virrey que haya sobresalido en su gobierno, y a cada presidente de los pocos que fueron honestos entre los civiles.

¿Porqué, no tener varias alamedas: de los incas, de los virreyes y de los presidentes civiles honestos? cuando uno viaja a Madrid encuentra en pleno centro frente al palacio real, una alameda con las estatuas de los más destacados reyes visigodos, etnia germánica que ocupó y gobernó España, y en cambio aquí en Perú, un alcalde ignorante mandó retirar de la plaza mayor de Lima la estatua de Francisco Pizarro fundador, organizador y gobernante de la ciudad, líder de la ocupación española del territorio del Imperio Inca, privilegiando en cambio la presencia de un cacique del pueblo, cuya existencia está en duda. En este caso, ambos son parte de la historia y debían mantener su presencia.

Como alguien dijo, los peruanos no somos ni los vencedores ni los vencidos, somos seres fusión de razas y culturas, felizmente todas extraordinarias, muy destacadas y valiosas, materia prima de excelencia que deberá llevarnos a retomar el liderazgo sudamericano.

Los peruanos debemos considerarnos como la simbiosis del Señor de Sipán, el Inca Túpac Yupanqui, el Virrey José Antonio Manso de Velasco y Sánchez de Samaniego, I conde de Superunda, y el presidente José Luis Bustamante y Rivero, los mejores de cada época.

32 Tren Transoceánico Brasil - Perú: Nueva Franja de Desarrollo e Integración Sudamericana

Latinoamérica y en particular Sudamérica ya no serán las mismas cuando se pongan en operación locomotoras y vagones modernos en la gran vía desde y hacia China y el Asia, el denominado Tren Bioceánico que unirá el puerto de Santos en Brasil, sobre el océano Atlántico y el puerto de Bayóvar en Perú en el océano Pacífico.

Este ferrocarril transoceánico que pasará por zonas muy ricas de Brasil y Perú tiene por finalidad convertirse en la columna vertebral de la integración y el desarrollo sudamericano dejando atrás los ineficaces sistemas de interrelación actuales.

Será el gran sustituto o complemento
ultramoderno del canal de Panamá, facilitando
el flujo fácil y rápido de mercancías desde y
hacia China y el Asia.

Brasil y Perú tendrán un ascenso vertical en su
producción y abastecimiento, y también lo
tendrán los países vecinos.

Colombia, Ecuador, Venezuela, Bolivia, Chile,
Guayana, Paraguay, Argentina, Uruguay se
conectarán al eje principal del tren y
participarán en el crecimiento de la producción
y mejora del abastecimiento.

Con el tiempo una gran red de vías férreas
cruzará Sudamérica, extendiéndose hacia
América Central y Norte América, generando
prosperidad e integración en la región.

Todos los países tendrán vías férreas modernas
que les facilitarán las exportaciones e

importaciones de productos, tanto en la propia región como fuera de ella, puerto Santos hacia Africa, Europa y costa este de Estados Unidos y Canadá, así como puerto Bayóvar hacia el Asia, Oceanía y costa oeste de los Estados Unidos y Canadá

Recién podremos empezar a hablar de UNASUR, por ahora solo un ente fantasma, cuando la gran Red Ferroviaria Sudamericana esté en marcha.

El tren transoceánico Brasil Perú delimitará el norte y sur de Sudamérica, y se constituirá en zona de convergencia de los países del norte y sur sudamericano.

Será la más grande obra de infraestructura de transporte que se llevará adelante en Latinoamérica, equiparable al gran ferrocarril de los Estados Unidos, que permitió el desarrollo del centro y oeste de ese gran país, y al igual que éste generará también grandes flujos migratorios sur norte y norte sur.

La piedra de Rosetta es una losa de basalto
negro que fue hallada en 1799 cerca de la aldea
de Rosetta, durante la ocupación de Egipto por
las tropas de Napoleón Bonaparte. Es un

fragmento de estela, fechada en el 196 a.J.C. en la que aparecen tres inscripciones diferentes: los primeros catorce renglones en caracteres jeroglíficos utilizados en los monumentos de Egipto, los treinta y dos centrales en escritura demótica que es una escritura simplificada y popular empleada en Egipto desde alrededor del año 1000 a.J.C. y los cincuenta y cuatro restantes en griego. Gracias a ella, en 1822, el investigador Jean François Champollion (1790-1832) descifró, después de más de diez años de enormes esfuerzos, el misterio, hasta aquel momento "científicamente insoluble", de los jeroglíficos egipcios.

Aquí, en el Perú actual, tenemos inscripciones por doquier de la Policía Nacional del Perú-PNP, hechas con caracteres que la población no entiende, por más esfuerzo que realiza.

A continuación, una pequeña muestra de inscripciones en los niveles estructurales más altos de la policía:

DIRETIC - DIREJANDRO - DIREJCOTE - DIRCOCOR - DIRCIMA - DIREASJUR - DIRSEG - DIRTUPRAMB - DIREJCRI -

DIREJEPER - DIRETSEVI - DIREJEDUD - DIREFE - DIRECAT - DIREJADM - DIREAP - DIREJESAN etc. etc. etc.

Y estas inscripciones siguen creciendo en número y extensión conforme se avanza a a niveles inferiores y a nivel regional.

Pero, veamos que significan estas raras inscripciones:

DIRETIC Dirección Ejecutiva de Tecnología de la Información y Comunicaciones

DIREJANDRO Dirección Ejecutiva Antidrogas

DIREJCOTE Dirección Ejecutiva Contra el Terrorismo

DIRCOCOR Dirección Contra la Corrupción

DIRCIMA Dirección de Comunicación e Imagen

DUREASJUR Dirección Ejecutiva de Asesoria Jurídica

DIRSEG Dirección de Seguridad del Estado

DIRTUPRAMB Dirección Ejecutiva de Turismo y Medio Ambiente

DIREJCRI Dirección Ejecutiva de Criminalística

DIREJEPER Dirección Ejecutiva de Personal

DIRETSEVI Dirección Ejecutiva de Transito y Seguridad Vial

DIREIE Dirección Ejecutiva de Infraestructura y Equipamiento

DIREJEDUD Dirección Ejecutiva de Educación y Doctrina

DIREFE Dirección Ejecutiva de Fuerzas Especiales

DIREICAJ Dirección Ejecutiva de Investigación Criminal y Apoyo a la Justicia

DIRESI Dirección Ejecutiva de Seguridad Integral

DIREJADM Dirección Ejecutiva de Administración

DIRESC Dirección Ejecutiva de Seguridad Ciudadana

DIRETP Dirección Ejecutiva de Trata de Personas

DIREAP Dirección Ejecutiva de Apoyo al Policía

DIREJESAN Dirección Ejecutiva de Sanidad

DIRIN Dirección de Inteligencia

DIRBIE Dirección de Bienestar

DIREOP Dirección Nacional de Operaciones Policiales

DIRNGI Dirección de Gestión Institucional

Nos preguntamos si en vez de inscripciones ininteligibles, o títulos demasiado extensos ¿no podrían usar el nombre de la actividad a la que se dedican o combaten? por ejemplo:

Seguridad del Estado, Turismo, Medio Ambiente, Investigaciones, Seguridad Ciudadana, Tránsito, Disturbios, Corrupción, Terrorismo, Trata, Narcotráfico etc. y usar números para especificar nivel o ámbito.

Así se establecería un firme puente de comunicación entre la policía y el ciudadano común y corriente que sabría a quién recurrir o con quienes trata, en caso necesario.

Pero, aquí no quedan las incógnitas que nos ofrece el cuerpo policial peruano, veamos:

¿Cómo pueden manejar en forma racional las 28 escuelas de formación de policías que la Policía Nacional del Perú posee a lo largo y ancho del territorio nacional? ¿De dónde obtienen tantos profesores calificados en los complicados y diversos temas policiales? ¿Salen generalistas o especialistas? ¿¿tienen cursos de post grado? ¿Tienen el material didáctico y equipamiento instructivo necesario?

¿Cómo se obtienen las especialidades en investigación criminal, en orden y seguridad interna, en control de cárceles y resguardo de personalidades e instituciones públicas?

¿Porqué, se destruyeron instituciones policiales de primera como la Guardia Civil, la Policía de Investigaciones y la Guardia Republicana, para reemplazarlas por nada?

Peor aún, ¿porqué, no se las repone, acaso es política de Estado tener una policía de bajo nivel, poco eficaz y fácilmente controlable?

¿La solución a los problemas de aumento descontrolado de la inseguridad ciudadana, solo pasa por comprar autos patrulleros y motos? Sucesivos gobiernos han dejado discurrir el caos policial y solo se han dedicado a comprar vehículos, que por último poco vemos en las calles.

Hay más incógnitas, pero por el momento lo dejamos en esta temática.

34 Universidad del Pacífico la Mejor del Perú y Latinoamérica

No hay duda, la Universidad del Pacífico con sede en Lima, se ha constituido en la mejor del Perú y está entre las más destacadas de América Latina.

Gran parte del desarrollo logrado por el Perú en las últimas décadas se debe al trabajo de profesionales egresados de esta excelente universidad peruana.

Destacan los profesionales de la UP en cargos directivos empresariales y del Gobierno peruano, así como en posiciones importantes en empresas de otros países y en organizaciones internacionales.

¿Porqué, este éxito de la Universidad del Pacífico? es muy simple, posee los más destacados profesores e investigadores; cuenta con la infraestructura física y materiales apropiados para la enseñanza; es exigente en la calidad de la enseñanza y aprendizaje tanto con profesores como con los alumnos.

Es conocido en el Perú, que los profesionales egresan de la universidad contando ya con un empleo que posee la mejor remuneración del mercado, es el caso de los economistas, administradores, contadores etc.

¿Qué se puede estudiar en la Universidad del Pacífico?:

Las carreras o profesiones de:

-Administración

-Contabilidad

-Derecho

-Economía

-Ingeniería Empresarial

-Ingeniería de la Información

También en la Escuela de Post Grado: MBAs y otros cursos para ejecutivos.

Escuela de Gestión Pública:

También, la UP, ha creado la Escuela de Gestión Pública, con el objetivo de cerrar las brechas de capacidades del sector público. Con ello se busca cubrir la demanda insatisfecha de servicios de formación, consultoría y asistencia técnica por parte de los funcionarios públicos y de otros profesionales que interactúan con ellos, todo un gran aporte para el sector público peruano.

Los secretos sobre el éxito económico peruano
los encontrará en la Universidad del Pacífico, en
Lima - Perú.

La impresión cuando uno sale a caminar por las calles de Lima es la de estar en una jungla, sí Lima parece una ciudad jungla, ya se ganó el título de la especialidad.

Micros y buses muy viejos y destartalados, con choferes portadores de innumerables papeletas de infracciones de tránsito, los que siguen pasándose la luz roja, sobrepasando los límites de velocidad, manejando en estado de ebriedad, etc. Resultado, gente atropellada, heridos, paralíticos, descerebrados, y fallecidos. Y NADIE HACE NADA...

Encendemos nuestro televisor muy temprano cada día, y encontramos en los canales de la tv local los matutinos noticieros sangrientos, en los que no existe una sección policial sino el 100 % del noticiero es dedicado a crímenes, robos, atropellos, incendios, inundaciones, violaciones y otros tópicos de la peor crónica policial, todo intercalado por avisos de marcas de cerveza promoviendo su consumo desde muy temprano. Y NADIE HACE NADA...

Uno camina por las calles y ve policías uniformados y armados, trabajando para empresas como guachimanes, cuidando los carros de gerentes y funcionarios, o guiando los camiones en obras en ejecución. A veces vemos policías a pie o en carro semi ocultos en las calles los que nos generan una sensación de temor a ellos y para nada de seguridad y protección. ¿recurrir a ellos? por el momento no, puede ser que nos metamos en problemas insospechados.

Se construyeron bajadas en declive en las veredas para uso de los minusválidos, pero han terminado siendo de uso de los ciclistas los que han invadido las veredas poniendo en peligro la integridad y aún la vida de los peatones. Y NADIE HACE NADA...

Carros sobre las veredas, puertas de garaje que se levantan sin aviso, carros detenidos sobre los pasos de cebra para peatones, micros y buses destartalados en loca carrera por las calles, carros que no paran en curva cuando los peatones tienen luz verde para cruzar. En Lima los carros tienen la preferencia sobre los peatones, nadie duda de ello, el mundo al revés. Y NADIE HACE NADA...

Bueno, olvidemos la calle y vayamos a tomar un café, que bueno, no tanto, mesas apiñadas, conversaciones a gritos, risotadas a todo volumen, llamadas telefónicas con timbres estrafalarios y parlantes al máximo, grupos de gente que reúnen mesas sin autorización para sus reuniones celebratorias, la gente grosera y vulgar abunda. Y NADIE HACE NADA...

En verano a la playa a refrescarse, vamos a la costa verde, sobresaturación de gente, personas con botellas de cerveza mareados, ollas gigantes de arroz, con pollo, cebiche, ají de gallina, y otros platos que la gente come en exceso regando los restos en la arena, tanto que si usted se descuida puede pisar y embadurnarse con carnes, ajíes, salsas, arroces, etc. Y NADIE HACE NADA...

¿Y en el aeropuerto? el de Lima es el único aeropuerto en el mundo en el que los pasajeros son despedidos y recibidos por todo un coliseo de curiosos que gozan de un espectáculo gratuito. Entre los curiosos se infiltran los taxistas que son asaltantes y que desvalijan y hasta matan a los turistas que cometen el grave error de utilizar sus servicios. Y NADIE HACE NADA...

¿Y si usted va de compras? "galerías" de alto riesgo con tiendas tugurizadas, pasadizos estrechos, sin equipos de seguridad, de las que puede salir herido o muerto en caso de sismo o incendio. Y NADIE HACE NADA...

¿Y si saca dinero del banco? asalto seguro con riesgo de muerte a cargo de los llamados "marcas". Y NADIE HACE NADA...

Bueno, al fin llegamos a la casa, tenemos una llamada de la policía en la que nos informan que nuestro hijo está detenido por drogas y si queremos rescatarlo debemos pagar una fuerte suma. Cuando hacemos el pago aparece nuestro hijo al que no le había pasado nada. Y NADIE HACE NADA...

Lima es tierra de nadie, una jungla urbana, hay que tener muchísimo cuidado para poder sobrevivir entre choferes salvajes que se comportan peor que animales.

Mientras usted lee estas líneas pensará que nos estamos refiriendo a personas de estratos socio económicos bajos, pero no, los participantes son gente de todos los niveles, desde los más encumbrados hasta los más pobres.

Quizás sería bueno tomar el ejemplo de buen comportamiento de nuestras autoridades y mostrarla a la población en búsqueda de que la imiten, ¿congresistas? puede ser el come pollo, o la roba cable, o, el come oro, o ...presidentes regionales, alcaldes, procesados por malos manejos ¿dónde encontramos a alguien que sirva de ejemplo?

Debe ponerse a Lima en situación de emergencia, porque la situación caótica es cada vez peor, es necesario crear un curso obligatorio de "Educación para el Ciudadano" a dictarse en colegios, universidades, el cual sería requisito indispensable para obtener el bachillerato, título profesional, colegiatura, brevete, etc. Esto no es una novedad, ya se aplica en Europa. ¿y porque no? debe ser también obligatorio para ascensos policiales y militares, y en las cárceles en reducciones de pena, y antes de salir en libertad.

La indolencia que nos caracteriza, más el irrespeto absoluto a toda ley y norma deben ser erradicados drásticamente si queremos estar por lo menos al nivel de ciudades de otros países sudamericanos, para luego escalar al nivel de la cultura europea.

Una última recomendación, el Ministerio de Cultura no debe dedicarse solamente al fácil sector del arte, debe asumir lo que es cultura entendida como civilización, la que en este momento es de las más bajas de Latinoamérica